BE SMART WORD SEARCH PUZZLES FOR ADULTS:
EASY TO SEE LARGE PRINT
150 + PUZZLES

BY BE SMART

VOLUME 1

© 2022 BE SMART

WORD SEARCHES HELP KEEP YOUR BRAIN SHARP AND SMART!

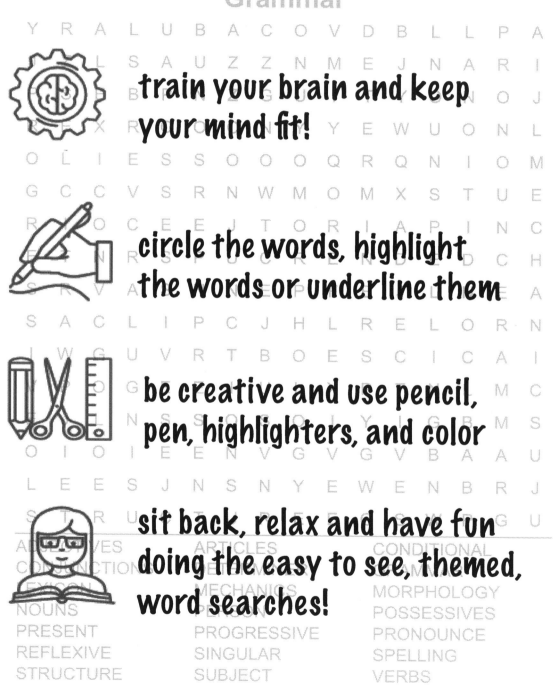

train your brain and keep your mind fit!

circle the words, highlight the words or underline them

be creative and use pencil, pen, highlighters, and color

sit back, relax and have fun doing the easy to see, themed, word searches!

THE WORDS CAN BE:

HORIZONTAL

VERTICAL

DIAGONAL

FORWARD

DRAWKCAB

Fabric

```
M  C  A  N  V  A  S     R  N  K  K  A  D  W  R
I  C  O  R  D  U  R  O  Y  E  B  O  S  S  D  E
N  E  E  X  U  D  L  W  P  A  H  A  J  O  I  T
E  T  C  M     B  R  I  C  T  T  U  R  A  S
D  E  U  E  B     R  I  I  I  F  A  A  L  E
M  V  C  P  E  R     T  N  H  N  L  T  E  P  Y
T  L  V  C  M  L  O     B  K  A  L  V  L  L
L  E  Z  G  W  F  F        B  N  R  U  A  O
H  V  R  I  Q  J  F  B     V  K  N  U  R  C  P
C  F  U  R  K  L  I  S  V     F  E  J  G  E  G
T  M  B  L  Y  H  H  E  K  C  R  L  Q  T  D  N
A  U  B  O  L  C  C  N  C  O  E  P  A  N  O
W  S  E  O           T  D  H  E  L
S  L  R  W  A  E  C  O  G  W  E  O  T  T  L  Y
S  I  V  Y  A  R  D  S  T  I  C  K  T  O  B  N
D  N  A  C  N  E  N  I  L  H  K  O  A  H  N  U
```

BLEND	CANVAS	CHIFFON
CLOTH	CORDUROY	COTTON
DENIM		FABRIC
FLANNEL	FLEECE	KNIT
LACE	LEATHER	LINEN
MUSLIN	NYLON	PLAID
POLYESTER	RUBBER	SATIN
SILK	SWATCH	TERRYCLOTH
VELVET	WOOL	YARDSTICK

Dream Vacation

```
W  K  T  A  H  I  T  I  I  A  W  A  H  H  C  B
P  A  A  I  S  W  I  T  Z  E  R  L  A  N  D  A
Q  S  R  N  U  V  T  C  X  R  G  I  L  A  B  R
X  I  O  I  H  E  R  O  P  A  G  N  I  S  F  B
D  R  B  R  S  V  N  P  D  A  B  H  Y  Y  E  A
N  A  A  O  E  R  U  E  A  M  A  B  D  I  B  D
A  P  R  T  K  I  J  N  M  A  R  U  M  A  B  O
L  U  O  N  A  B  H  H  M  L  C  D  T  M  T  S
A  D  B  A  R  I  O  A  A  F  E  A  N  S  I  L
E  E  L  S  R  Z  N  G  L  I  L  P  E  T  R  A
Z  T  M  J  A  A  G  E  D  C  O  E  D  E  E  S
W  O  C  F  M  E  K  N  I  O  N  S  E  R  L  V
E  K  Q  I  Z  M  O  Q  V  A  A  T  W  D  A  E
N  Y  F  J  E  O  N  P  E  S  Y  C  S  A  N  G
J  O  G  I  B  R  G  I  S  T  I  Y  F  M  D  A
Z  L  J  N  O  Y  N  A  C  D  N  A  R  G  A  S
```

AMALFICOAST	AMSTERDAM	BALI
BARBADOS	BARCELONA	BORABORA
BUDAPEST	COPENHAGEN	FIJI
GRANDCANYON	HAWAII	HONGKONG
IBIZA	IRELAND	LASVEGAS
MALDIVES	MARRAKESH	NEWZEALAND
PARIS	ROME	SANTORINI
SINGAPORE	SWEDEN	SWITZERLAND
TAHITI	TOKYO	

Life to the Fullest

```
T N O I T A C U D E Y L I M A F
N K R H S T E P T C R E D E E M
E R U E E T A E R C T R A V E L
M E T A G T F R I E N D S H I P
E W E R A M V P E A C E F U L P
T A R T R F U L F I L L M E N T
I R I W U I O N O I N A P M O C
C D P A O S T S A T I S F Y L B
X I S R C E S S E N D N I K J C
E N N M N R K V L O V E S G R N
P G I I E V U P L E A S U R E O
M T Q N O I T A C I F I T A R G
D O O G M C X S T I M U L A T E
I H H Y X E E C N E I R E P X E
P S S E N E V I G R O F U G R P
T L A P E C O M F O R T L N M F
```

COMFORT	COMPANION	CREATE
EDUCATION	ENCOURAGE	EXCITEMENT
EXPERIENCE	FAMILY	FORGIVENESS
FRIENDSHIP	FULFILLMENT	GOOD
GRATIFICATION	HEARTWARMING	INSPIRE
KINDNESS	LOVE	PEACEFUL
PETS	PLEASURE	REDEEM
REWARDING	SATISFY	SERVICE
STIMULATE	TRAVEL	

Desserts 1

```
E N G U A P P L E P I E C Q P M
E S H E R B E R T O Z G J X E A
F W B Y G V A N I L L A X R J C
F T D P Y E R Y J P D C I T N A
O M E S A C L Q J Z S N C F I R
C B O T U S A A I L G E U G C O
L S N U A N T M T U Y P S N E O
E C T Y S L D R E O Q U T I C N
M H C I V S O A I E A M A D R S
A K O J U O E C E E N P R D E P
R U O X H C J W O V S K D U A S
A E K A C E S E E H C I I P M T
C E I E K A C I R K C N N C P E
J A E R V N M P B N U P D C T E
P I S F O X T R A T T I U R F W
I R E L B B O C H C A E P O Z S
```

APPLEPIE	BISCUITS	CAKE
CARAMEL	CHEESECAKE	CHOCOLATE
COFFEE	COOKIES	CUSTARD
FRUITTART	GELATO	ICECREAM
MACAROONS	MERINGUE	MOUSSE
PASTRIES	PEACHCOBBLER	PUDDING
PUMPKINPIE	SHERBERT	SUNDAE
SWEETS	VANILLA	

Greek and Roman Gods

```
B Q K S D H E R A C L E S V D K
W E X P N U Q T V S K C S E D O
Z E U S A E X G I A A H F N E S
H F E S P H R M D T G A B U M G
E G A M Y V E O Z U R O E S E V
R C E P F T R W S R K S J S T H
M W N N R M I N W N U S U O E A
E O Z A U E T O D P U W P N R D
S B D T H T T D A N V S I O A E
V O I R E Y P I A Y Q A T R T S
F L O I L J R E D H H L E C H U
W L N T I P C S N O E T R P E L
Q O Y O O O C O E A R A W K N E
L P S N S Q X P W I A H R P A Z
R A U S U E H T E M O R P E A O
F X S J S U R E C X Q E F A S F
```

APHRODITE	APOLLO	ARES
ARTEMIS	ATHENA	ATLAS
CERUS	CHAOS	CRONOS
DEMETER	DIONYSUS	EROS
HADES	HELIOS	HERA
HERACLES	HERMES	HYPNOS
JUPITER	NEPTUNE	OCEANUS
PAN	POSEIDON	PRIAPUS
PROMETHEUS	SATURN	TRITON
VENUS	ZELUS	ZEUS

Two Syllable Words

```
J  C  O  T  T  A  G  E  A  L  I  K  E  L  Y  Z
S  H  O  U  L  D  E  R  U  D  F  V  R  O  R  E
S  R  E  Y  A  R  P  L  C  S  P  S  U  E  N  U
E  G  N  E  V  E  R  S  A  J  S  S  T  V  U  P
N  V  W  P  H  A  K  U  W  M  D  I  S  L  N  I
B  R  M  R  L  M  G  R  W  R  R  Q  A  O  K  L
C  R  E  M  U  I  Z  R  P  D  F  O  P  V  E  L
A  S  A  T  S  N  N  N  E  E  E  N  E  B  A
T  B  T  N  T  G  P  M  R  A  T  F  U  R  I  R
T  W  O  J  D  A  H  R  I  E  T  T  E  C  R  W
H  Y  T  I  K  Y  P  D  E  Y  H  E  Y  A  G  G
I  S  S  U  C  S  I  D  K  K  D  T  S  C  T  V
N  J  J  U  D  G  E  S  M  E  K  S  U  T  O  P
G  R  S  N  O  B  B  I  R  C  A  L  L  O  U  S
Y  L  W  Y  E  Y  N  E  I  G  H  B  O  R  S  D
G  R  E  H  T  O  B  E  G  A  N  A  M  U  R  B
```

BOTHER	BRANDY	BREEDER
CALLOUS	COTTAGE	DEFEAT
DISCUSS	DREAMING	GREATEST
ISSUE	JUDGES	LIKELY
MANAGE	NEIGHBOR	NORMAL
PASTURE	PATTERN	PETTY
PILLAR	PRAYER	REVENGE
REVOLVE	RIBBON	SHOULDER
SOUTHERN	THINGY	

#6

Cities

```
T D H G O D M U R Z N A R H E T
E A O S D U B L I N N Y A A Y R
L R N E S A G E V S A L R F S F
A C O A G E F N I B K A J P N H
V C L T K E E D M A J W D E G B
I A U T T W N O C A B O O R T R
V S L L Z E B S L F L C G T O K
W T U E Y P A A E R I S A H P A
T O K Y O B D C V A S O C X G N
Z C A Q C A F R E N B M I N N O
D K T S U W M A L K O V H O I T
Y H R G S O V M A F N L C D J S
O O A K I T E E N U G J A N I G
R L K B R T I N D R V S Z O E N
K M A S A O K T I T E N M L B I
O R J N P L O O P R E V I L Z K
```

ACCRA	BEIJING	BOMBAY
CHICAGO	CLEVELAND	DUBLIN
FRANKFURT	GUADALAJARA	HONOLULU
JAKARTA	KIEV	KINGSTON
LASVEGAS	LISBON	LIVERPOOL
LONDON	MOSCOW	NEW
OTTOWA	PARIS	PERTH
SACRAMENTO	SEATTLE	SIDNEY
STOCKHOLM	TEHRAN	TELAVIV
TOKYO	YORK	

Cooking 1

```
Z  V  Q  M  V  O  D  N  R  N  J  T  N  P  M  C
Z  Q  K  S  A  U  T  E  R  F  A  C  H  O  P  S
S  E  H  S  I  D  X  H  H  F  T  S  D  Q  I  K
T  R  U  X  T  X  N  C  S  E  T  A  L  P  T  R
M  B  E  R  U  E  U  T  N  J  D  R  P  N  G  O
L  W  A  M  T  F  N  I  D  S  O  G  L  R  J  F
V  R  X  K  M  W  Z  K  C  R  H  E  I  S  O  R
B  O  I  L  E  I  R  V  E  T  C  L  E  U  B  N
A  K  N  I  F  E  S  C  P  N  L  T  A  Z  B  Z
U  A  W  C  T  R  I  A  I  E  T  Z  Z  W  V  V
A  L  U  T  A  P  S  M  K  A  U  L  A  D  L  E
O  L  A  M  E  Y  R  F  C  O  O  K  I  N  G  I
F  L  Y  O  C  C  A  G  R  Q  S  T  E  A  M  K
P  G  V  U  X  Z  S  N  O  O  P  S  X  L  M  B
H  E  T  Z  S  G  N  O  T  D  D  U  Z  D  S  S
N  X  V  T  Q  Z  U  M  S  T  O  V  E  S  U
```

APRON	BAKE	BOIL
CHOP	COOKING	DISHES
FORKS	FRY	GRILL
KITCHEN	KNIFE	LADLE
MINCE	OVEN	PLATES
PLATTER	RECIPE	SAUTE
SIMMER	SPATULA	SPOONS
STEAM	STOVE	TONGS

Hobbies

```
S  C  V  X  S  C  R  A  P  B  O  O  K  Y  U  Q
J  R  D  M  W  T  G  W  X  F  H  L  Y  Q  J  R
I  E  S  L  L  O  D  P  D  C  P  U  Z  Z  L  E
G  A  M  I  S  M  I  R  R  E  S  K  T  E  R  L
S  T  J  Z  M  C  Q  A  O  E  S  Y  L  C  G  G
A  I  Q  A  T  D  E  D  W  C  E  I  Y  C  D  N
W  V  K  U  A  S  C  I  S  O  H  P  G  Q  C  I
P  E  R  B  D  Z  O  O  S  N  C  A  L  N  R  T
D  E  P  R  G  U  L  C  O  S  R  S  D  S  A  N
S  I  O  D  F  H  L  O  R  T  E  T  S  U  F  I
B  W  T  R  R  O  E  N  C  R  A  T  P  D  T  A
U  G  T  A  E  B  C  T  I  U  D  I  O  O  S  P
I  A  E  W  Q  B  T  R  S  C  I  M  R  K  J  U
L  M  R  I  M  Y  I  O  U  T  N  E  T  O  I  K
D  E  Y  N  V  Z  O  L  M  V  G  X  S  W  E  Q
S  S  G  G  D  N  N  R  N  S  L  E  D  O  M  W
```

BUILD	CHESS	COLLECTION
CONSTRUCT	CRAFTS	CREATIVE
CROSSWORD	DESIGN	DOLLS
DRAWING	GAMES	HOBBY
JIGSAW	MAKE	MODELS
MUSIC	PAINTING	PASTTIME
PICTURES	POTTERY	PUZZLE
RADIOCONTROL	READING	SCRAPBOOK
SPORTS	SUDOKO	WORDSEARCH

Shopping

```
N  R  L  A  N  I  F  F  I  R  B  T  G  V  T  X
R  T  G  E  M  I  Z  N  M  V  N  L  R  S  S  Q
U  C  S  A  L  U  G  M  O  U  M  V  B  K  T  O
T  D  J  Q  T  A  I  N  O  G  E  H  L  I  O  V
E  T  E  E  B  I  S  C  H  N  X  H  M  S  R  B
R  N  V  L  N  M  S  A  T  I  C  T  B  E  E  P
W  G  I  V  I  I  H  N  C  P  H  N  P  X  S  A
U  I  H  L  D  V  L  R  V  P  A  E  U  O  W  R
W  F  H  Z  F  X  E  N  E  O  N  S  K  B  H  W
D  T  N  M  H  D  T  R  O  H  G  E  C  N  S  O
E  C  T  N  I  P  N  F  Y  S  E  R  I  O  A  E
B  A  R  T  I  O  A  T  E  T  Q  P  P  L  C  W
I  R  B  E  D  T  K  N  S  H  I  P  P  I  N  G
T  D  C  V  E  Q  D  A  E  E  H  A  R  A  L  V
F  E  Y  T  B  R  O  W  S  E  F  P  W  M  V  R
R  P  G  N  I  K  O  O  L  E  X  T  Y  E  O  T
```

BAG	BOXES	BROWSE
CASH	CREDIT	DEBIT
DELIVERY	DISCOUNT	EXCHANGE
FINAL	GIFTCARD	LINE
LOOKING	MAIL	ONLINE
PICKUP	PRESENT	PRICE
RECEIPT	RETURN	SALE
SEND	SHIPPING	SHOPPING
STORES	TAG	WAIT
WRAP		

#10 Positive Words

```
Z E D M M V W I P D H S N I C E
Y X Y F C N T C U T E U H A A L
M C C A H D E S S D T O W S X B
F E W W E O X P E N W D O U I I
K L S E E O T J A B E N N O B D
V L M S R G R S E L L E D L Z E
D E U O F R A U E K L P E E G R
C N B M U E O Y C G R U R V H C
I T E E L T R R W H N T F R A N
T P A P L T D E O T A S U A P I
S L U Y O E I N W H U M L M P E
A H T G O B N N Y Z X T P E Y G
T G I H C L A I C E P S A I O R
N Q F A Y P R W V R Y E I E O E
A K U W U I Y R P U X H V L R N
F Y L E V O L T O B M E R R Y G
```

AWESOME	BEAUTIFUL	BEST
BETTER	CHAMPION	CHEERFUL
COOL	CUTE	EXCELLENT
EXTRAORDINARY	FANTASTIC	GOOD
GREAT	HAPPY	INCREDIBLE
LOVELY	MARVELOUS	MERRY
NICE	PLEASANT	SPECIAL
STUPENDOUS	WELL	WINNER
WONDERFUL	WOW	

10

Words, words

```
C T A E P E R D U E N O R D P T
M D A M B I T I O N O S Y B D O
A T B D Y R E R A E H M N L J O
B P J I A D E C W H F A I A P Q
S U D S L H A B E P X L T N V A
U S L G F L J U M S R L S K O R
R H I U F Z I C G U K P E L P T
D O T S Z N G O C H N O D Y P I
I M T T A A V I N I T X K I O S
T E L I G C T X N A G E M D S T
I M E N B I T E C G I O R E I W
E A T G N R A B P T E R L N T R
S D S N D E I R E E M R E T I N
O E A N Y M O S U O N O S I O P
O H V V B A C K W A R D Y T N T
N Z G W I M Z S U J J U U Y L D
```

ABSURDITIES	AMBITION	AMERICAN
ARTIST	BACKWARD	BARN
BILLIONAIRE	BITE	BLANKLY
DAUGHTER	DESTINY	DISGUSTING
DRONE	EERIE	GINGER
HEAR	HOMEMADE	IDENTITY
LITTLE	LOGIC	NUMBER
OPPOSITION	PIECES	POISONOUS
PUSH	REPEAT	SMALLPOX
SOON	VAST	

Winter

```
Z Z O S A M T S I R H C I P U C
D K C E H E X G P B F J N X O S
O K W L O O H S I Y E L G C H R
O E C A L P E R I F S E G H L T
F D Z L I Q H A T V T V C O L D
S N X A D O L E T N I A D M I Q
T S E A A C E Y Z G V R K E F I
E G F F Y B A W Z F E T T W M I
K N U A S I G E H R U R T O F G
N I C F I S T N E S E R P R L N
A L R A W E A T H E R L C K K I
L D Q M R E T N I W D W A K C P
B D F I V G N I T A E D O X V P
A U Y L M V A C A T I O N N I O
O C N Y S T F I G G A U D Z S H
P A R T Y R E N N I D D J H D S
```

WINTER	COLD	SNOW
WEATHER	HOLIDAYS	CHRISTMAS
NEWYEARS	PARTY	FAMILY
VACATION	TRAVEL	HOMEWORK
RELAX	FIREPLACE	PRESENTS
GIFTS	FOOD	DINNER
SHOPPING	CUDDLING	EATING
BLANKETS	FESTIVE	

Spring

```
Z  G  M  Z  N  V  N  V  M  M  Y  Y  O  J  T  T
V  N  I  L  I  R  P  A  R  E  M  A  L  A  M  B
Z  I  Y  O  O  P  Y  C  K  Q  P  H  D  V  W  N
P  M  N  J  B  R  E  A  K  F  Z  V  K  N  G  R
T  O  E  J  F  B  U  T  T  E  R  F  L  Y  U  P
R  O  E  P  N  D  Q  I  G  N  I  R  P  S  W  S
W  L  R  J  E  I  H  O  S  D  E  E  S  O  R  H
M  B  G  L  D  Q  Y  N  N  U  B  Q  B  Y  A  O
K  N  E  B  R  F  A  R  E  D  R  N  Z  F  D  W
O  L  D  A  A  D  A  O  N  T  I  M  L  D  R  E
B  T  S  D  G  B  X  B  H  A  T  A  R  X  I  R
D  L  G  Y  R  F  I  W  R  D  C  I  B  A  S  S
M  V  G  F  L  O  W  E  R  S  T  C  K  V  W  A
Q  R  E  T  S  A  E  N  S  P  I  L  U  T  X  O
O  R  E  P  P  O  H  S  S  A  R  G  Y  M  H  I
N  P  U  P  P  Y  S  N  I  A  R  G  T  S  E  N
```

APRIL	BABIES	BLOOMING
BREAK	BUNNY	BUTTERFLY
CALF	EASTER	EGGS
FLOWERS	GARDEN	GRASSHOPPER
GREEN	KITTEN	LAMB
MAY	NEST	NEWBORN
PUPPY	RAIN	RAINBOW
SEEDS	SHOWERS	SPRING
SUNDAY	TULIPS	VACATION
WARM		

#14 Funny Words

```
F H A H A H A C U G W A F F U G Q O W B
A W K H I L A R I O U S A C H O R T L E
K B K Q P E S S G C P I J U H S V V S T
E Y H Y R L I G O O B E R S R M X C E F
A N E G Q K D V K M O V B X R I R E T N
B N R R Y C E Y C E R F Y L F L H U U K
F U Z I L U S N I D E R Y W O E W U P C
R F R N L H P I T Y K R Z T E D J B N S
Z X I N I C L X S S C R A C K U P Z O S
X N O I S D I Q P N I U Q C G J W X K X
V V T N Y G T O A O N E X O F J B O J C
I O O G Z R T N L R S R E T H G U A L D
N Z U F M S E J S T C I R E G N I Z H U
N E S I R P R U S H T R I C K E R Y Y P
G N I K N A R P V A S C H T I C K Z S U
U D J B G N I K O J F Z W Q R N L U I L
```

CHORTLE	CHUCKLE	COMEDY
CRACKUP	FAKE	FUNNY
GOOBER	GOOFY	GRINNING
GUFFAW	HAHAHA	HILARIOUS
JOKING	LAUGHTER	PRANKING
RIOTOUS	SCHTICK	SETUP
SIDESPLITTER	SILLY	SLAPSTICK
SMILED	SNICKER	SNORT
SURPRISE	TEEHEE	TRICKERY
ZINGER		

#15 Words from Christmas Songs

```
C H R I S T M A S L T P R H O L
L A U G H I N G N I H S A D M U
D I R U D O L P H R G N T E U F
I H W G K Z L V C K I O H V E R
V G C N M Z D P E G N E M L L E
A I S I X U T A N R L L O E G D
M E T M H C A I D H B U O W N N
D L U O X R K B T I T E O T I O
N S N C M C E E N S V N L G J W
A N S Y O S B M I E D A N L K M
R E E R G I S D M E N I N C S A
G P H W J G E H R U M A Q S Y N
Z O C L L G I L I A R B T Y X G
S I L E N T A F E N C D F P F E
Q O T P Q N P R K X Y C O L D R
L O P U D Y D C R E E D N I E R
```

BETHLEHEM	CHESNUTS	CHRISTMAS
COLD	COMING	DASHING
DREAMING	DRUMMER	FIGGY
GRANDMA	JINGLE	LAUGHING
MANGER	NAVIDAD	NIGHT
NOEL	OPENSLEIGH	OUTSIDE
REINDEER	ROCKING	RUDOLPH
SHINY	SILENT	SILVERBELLS
TANENBAUM	TWELVE	WONDERFUL
WONDERLAND		

#16 Abbreviations and Acronyms

```
B O A W H S Q E N S M Q D Z J Z
Y R O M C O M O C Q O R U E C G
F S F B H B R C S O H J N H L S
T I C T V A U K E J V K R U A Z
Z F Y O D Y S M T Z Y J I L S E
W R Z F T H C A I H C A T P S F
D P A L F U I H C D Y A W R B D
O M N O E R S B F M I A I I D H
M B E T L Y S Y A M E X B C F L
T R F U N O N S N K Y P X H S I
A F J C O I Y L U N O T Z G F N
S N A F U I C L E T N I G L N J
V G Y W I S Y W U S A J H V Z A
W C B B B F Z S M F D E I G N E
M B C I E X B G M O Y G U A M L
N N L X U X X W I O F H D U V O
```

ACME	AMEX	ATLAS
ATM	BMW	CIA
EURO	FBI	FYI
ICBM	INTEL	LAPD
MIDI	NORAD	NYFD
OMG	POTUS	ROMCOM
SCOTUS	SETI	SNAFU
USA	USCIS	USSR
WIFI	WYSIWYG	YOLO

Children's Games

```
M  L  S  Y  O  B  W  O  C  H  N  W  U  K  V  S
Y  E  I  Z  Z  L  J  U  C  A  R  M  Y  E  H  A
G  G  P  L  A  Y  S  T  A  T  I  O  N  E  W  N
E  O  D  E  F  S  O  O  G  D  F  N  W  S  D  D
L  S  R  R  S  C  P  V  J  S  N  K  P  D  O  B
G  S  A  T  S  E  C  O  P  G  N  E  U  N  C  O
N  Z  L  P  I  Z  G  B  R  N  K  A  T  A  T  X
U  O  O  L  I  C  A  A  I  T  D  S  I  E  O  J
J  H  J  K  O  R  -  N  I  C  S  Z  G  D  R  A
A  I  W  W  B  D  T  T  C  H  A  S  E  I  N  P
N  A  V  I  D  E  O  G  A  M  E  S  Q  H  B  I
I  H  E  F  N  T  S  E  L  C  Y  C  I  R  T  S
M  S  T  D  C  A  R  S  X  A  -  L  S  A  K  Q
A  V  O  N  T  A  G  Y  S  H  H  T  R  J  B  N
L  B  M  O  N  K  E  Y  B  A  R  S  O  T  F  I
S  A  R  C  A  D  E  E  S  U  O  H  Z  E  I  N
```

ANIMALS	ARCADE	ARMY
BARBIES	CARS	CHASE
COWBOYS	DOCTOR	DOLLS
HIDEANDSEEK	HOPSCOTCH	HOUSE
INDIANS	JUNGLEGYM	LEGOS
MONKEYBARS	NINTENDO	PLAYSTATION
PRETEND	SANDBOX	SEGA
SPORTS	TAG	TIC-TAC-TOE
TRICYCLES	VIDEOGAMES	

#18

Strange Animal Names

```
O L S H E L D R A K E S L S H U
C C C O C K R O A C H I T T H M
A W I G E O N D U N N O C K A B
A I W R B H B M Z N R O C R N N
O T Y E U Y P E E K S H T Z A B
B N N D T E Y T T W S E O V G Y
U Q C W T N T N S I N S G D I C
F I O I E A H H F T T O N W M E
F S B N R E O G S R A U W K R E
A T R G F A N M I R O C F L A L
L G A O L I S C O H A B E L T O
O M R B Y B H E D O C O B L P M
E O L L M T Q O A R R N B A O C
R R F T T O O A A C L H L M E P
A Y P W F L W N J C O J E A N V
H X U Z B I E Y N O P W L N H B
```

BLOODHOUND	BOA	BOARS
BUFFALO	BUTTERFLY	COBRA
COCKROACH	CRANE	DUNNOCK
FLYINGFISH	HARE	HYENA
LINNET	LLAMA	MARTEN
MOLE	MOORHEN	ORYX
OSTRICH	OWL	POLECATS
PONY	PTARMIGAN	PYTHON
REDWING	SEACOW	SHELDRAKE
STORK	WIGEON	WOMBAT

18

Searching Party

```
N  M  F  Y  P  S  N  B  L  U  I  S  H  G  X  P
S  C  E  L  L  U  L  A  R  D  E  M  O  D  J  X
T  N  H  T  A  S  Q  U  A  R  E  H  G  A  T  C
N  O  C  O  Z  D  I  S  P  O  S  A  B  L  E  O
A  I  Z  H  N  P  Y  T  C  W  U  Z  L  A  L  N
H  S  T  A  E  H  H  I  R  N  R  L  V  M  A  T
P  R  S  X  D  J  R  B  E  Z  E  I  T  P  V  R
E  E  I  D  E  J  V  B  B  A  C  V  F  U  I  O
L  V  O  Y  R  Z  R  A  M  N  N  E  Y  T  R  L
E  A  M  F  C  D  B  R  U  T  A  D  N  A  R  D
A  L  G  E  M  I  T  Y  N  A  L  E  V  T  O  Z
J  L  F  S  N  I  A  G  A  R  U  R  N  E  O  W
T  N  E  L  A  V  I  U  Q  E  B  A  H  Q  M  M
P  F  R  K  N  E  D  R  U  B  M  D  B  Y  M  C
M  G  R  O  M  M  E  T  H  B  A  M  Z  D  E  R
N  E  T  T  I  K  W  E  X  F  E  G  A  S  O  D
```

AGAIN	AMBULANCE	AMPUTATE
ANYTIME	AVERSION	BLUISH
BURDEN	CELLULAR	CHEF
CONTROL	CREDENZA	DAREDEVIL
DISPOSABLE	DOME	DOSAGE
DROWN	ELEPHANTS	EQUIVALENT
GROMMET	HOTLY	KITTEN
MOIST	NUMBER	RABBIT
RIVAL	ROOM	SQUARE

Clothing Brands

```
T  Q  H  N  E  R  U  A  L  H  P  L  A  R  E  C
F  M  Y  A  R  C  T  E  R  Y  X  F  G  L  C  Q
B  C  H  A  N  E  L  B  J  M  E  W  U  Z  H  R
E  T  S  O  C  A  L  V  I  N  V  Z  E  P  A  E
O  S  W  M  S  R  Q  M  D  B  G  J  S  R  M  T
B  L  E  V  I  S  L  I  U  C  B  N  S  A  P  S
U  U  N  D  E  R  A  R  M  O  U  R  P  D  I  I
R  W  O  O  R  Z  C  O  A  C  H  B  R  A  O  L
B  R  U  Q  Y  V  A  N  D  L  O  C  H  D  N  O
E  A  N  A  B  A  G  E  C  L  O  D  I  W  M  H
R  N  X  S  E  N  A  H  Z  N  P  O  Z  N  J  P
R  G  N  O  T  T  I  U  V  N  R  G  U  C  C  I
Y  L  J  T  F  F  H  E  R  M  E  S  K  Y  Z  C
S  E  C  G  S  S  R  O  K  A  R  M  A  N  I  S
C  R  V  E  R  S  A  C  E  O  U  C  G  L  V  P
S  P  R  W  E  T  A  I  B  M  O  L  O  C  X  K
```

ARCTERYX	ARMANI	BURBERRY
CALVIN	CHAMPION	CHANEL
COACH	COLOMBIA	CONVERSE
DIOR	DOLCEGABANA	FENDI
GUCCI	GUESS	HANES
HERMES	HOLISTER	KORS
LACOSTE	LEVIS	OLDNAVY
PRADA	RALPHLAUREN	UNDERARMOUR
VERSACE	VUITTON	WRANGLER

Harry Potterish Names

```
U  A  E  N  N  O  R  R  A  B  G  E  L  H  J  F
S  N  B  D  C  F  M  G  A  B  N  O  G  G  S  Y
P  B  K  E  N  O  S  R  E  F  F  E  J  W  B  R
R  J  E  N  O  I  M  R  E  H  F  J  F  R  I  E
O  T  M  U  L  B  E  R  R  Y  U  B  E  S  H  M
U  E  U  J  N  A  D  G  E  T  T  D  E  E  E  U
T  Y  L  R  L  D  O  B  B  Y  N  G  W  P  C  S
E  G  N  G  V  V  O  Y  L  U  G  Y  S  T  N  X
R  F  I  X  G  E  I  J  O  I  E  S  G  I  E  C
E  N  P  W  T  I  Y  B  W  W  N  Q  G  M  R  Y
M  E  L  E  M  R  D  D  R  B  E  S  U  U  A  B
I  N  U  L  Z  I  E  R  R  E  W  A  M  S  L  S
T  E  M  C  R  H  R  B  A  O  T  O  S  N  C  G
R  G  M  Y  K  F  R  G  R  P  P  T  X  L  A  I
O  U  E  Y  C  T  R  T  W  E  Z  Z  O  M  E  W
M  E  R  Q  T  V  H  V  E  U  H  T  P  P  H  Y
```

BARRONNEAU	BOUNDERBY	CLARENCE
DOBBY	EUGENE	GAMP
GRIMWIG	HEDWIG	HERBERT
HERMIONE	JEFFERSON	MORTIMER
MUGGS	MULBERRY	NADGETT
NOGGS	PARDIGGLE	PLUMMER
POTTER	REMUS	SEPTIMUS
SNIGSWORTH	SPROUTER	TURVEYDROP
WEASLEY	WIGSBY	

Random Words Again

```
S  H  Y  N  E  S  S  S  U  O  I  D  E  T  G  I
L  F  E  A  F  O  H  O  H  G  U  X  E  D  O  A
H  T  E  P  P  O  S  T  G  R  J  N  U  E  R  D
E  P  R  A  W  F  I  C  N  A  O  N  Q  R  G  A
S  K  U  O  R  Y  R  H  I  T  F  E  L  E  E  M
S  O  F  B  E  B  O  A  M  I  A  T  U  D  O  A
E  F  F  U  L  V  O  R  O  N  B  T  F  L  U  N
L  L  Y  L  I  I  B  M  C  G  E  O  E  I  S  T
H  T  R  I  I  X  C  I  E  P  R  R  G  W  M  Z
T  D  N  A  X  Q  Z  N  B  Y  R  M  N  E  U  C
U  T  R  E  L  A  U  G  N  L  A  U  E  B  D  I
R  U  S  C  C  N  I  O  U  O  N  S  V  D  D  N
N  Y  L  D  N  I  K  B  R  N  T  T  K  E  L  O
W  O  B  W  J  E  T  P  A  E  S  E  B  O  E  C
N  B  E  W  I  L  D  E  R  E  D  F  A  K  D  A
V  O  Y  L  I  A  D  W  R  V  A  G  U  E  K  L
```

ABERRANT	ADAMANT	ALERT
BEWILDERED	BEWILDERED	BOORISH
CHARMING	DAILY	GORGEOUS
GRATING	KINDLY	LACONIC
LIQUORED	MUDDLED	OBESE
ONE	PUBLIC	PYLON
RETICENT	ROTTEN	RUTHLESS
SHOWOFF	SHYNESS	TEDIOUS
UNBECOMING	VAGUE	VENGEFUL

#23 Descriptions of People

```
Y  H  E  C  O  N  S  E  R  V  A  T  I  V  E  V
T  U  C  R  A  Z  Y  N  T  N  A  G  O  R  R  A
T  M  U  P  L  F  M  O  D  E  S  T  T  K  H  F
E  B  Y  C  I  T  E  G  R  E  N  E  A  I  C  H
R  L  P  R  E  C  O  C  I  O  U  S  L  N  W  A
P  E  F  P  E  L  B  A  T  S  V  I  L  E  D  R
K  Q  C  I  S  T  I  M  I  D  X  K  A  O  E  D
H  Y  P  E  R  A  C  T  I  V  E  L  G  F  X  W
S  L  A  U  Y  O  U  N  G  N  T  U  N  C  A  O
K  K  S  T  D  T  X  O  O  H  Z  F  I  Q  L  R
I  C  C  U  T  E  R  B  Y  M  G  P  O  I  E  K
N  I  G  O  R  G  E  O  U  S  B  L  G  Y  R  I
N  S  S  V  U  L  Q  H  H  S  C  E  T  L  K  N
Y  F  E  L  D  E  R  L  Y  S  T  H  U  G  W  G
K  N  T  T  H  G  I  E  W  R  E  V  O  U  C  L
M  D  H  X  B  L  U  F  I  T  U  A  E  B  R  A
```

ARROGANT	BEAUTIFUL	CONSERVATIVE
CRAZY	CUTE	ELDERLY
ENERGETIC	GORGEOUS	HARDWORKING
HELPFUL	HUMBLE	HYPERACTIVE
MODEST	OUTGOING	OVERWEIGHT
PRECOCIOUS	PRETTY	RELAXED
SHORT	SICKLY	SKINNY
STABLE	TALL	TIMID
UGLY	WEALTHY	YOUNG

#24 Shapes Again

```
I  T  N  I  O  P  S  U  B  M  O  H  R  K  Y  R
S  H  L  G  U  R  E  T  E  M  I  R  E  P  D  C
O  G  E  W  O  R  R  A  F  P  Y  R  A  M  I  D
S  I  I  V  G  R  E  C  T  A  N  G  L  E  H  W
C  R  A  P  L  E  L  L  I  P  S  E  O  Y  D  P
E  L  Q  Y  O  S  C  T  K  E  N  O  C  N  T  G
L  P  A  R  A  L  L  E  L  O  G  R  A  M  O  R
E  I  Z  G  H  C  Y  H  H  A  T  H  O  C  A  E
S  E  N  I  L  M  I  H  E  E  M  E  P  N  A  D
F  R  A  C  T  A  L  R  E  B  O  X  L  K  N  N
V  O  L  U  M  E  A  M  C  D  H  A  A  F  D  I
S  E  L  G  N  A  I  R  T  L  R  G  N  S  R  L
T  Q  Y  S  Q  U  A  R  E  X  E  O  E  P  I  Y
A  A  C  U  T  E  A  B  T  R  D  N  N  U  V  C
R  J  M  H  V  F  E  K  A  L  F  W  O  N  S  H
H  W  N  O  G  A  T  N  E  P  L  Y  G  U  J  K
```

ACUTE	AREA	ARROW
BOX	CIRCLE	CONE
CYLINDER	ELLIPSE	FRACTAL
HEXAGON	ISOSCELES	LINE
OVAL	PARALLELOGRAM	PENTAGON
PERIMETER	PLANE	POINT
POLYHEDRON	PYRAMID	RECTANGLE
RHOMBUS	RIGHT	SNOWFLAKE
SQUARE	STAR	TRIANGLE
VOLUME		

#25 So Many Words

```
E  H  O  E  T  A  C  I  L  P  M  I  T  S  A  V
C  C  O  N  F  L  A  T  E  C  C  F  O  D  I  O
N  T  P  R  O  F  U  S  E  R  A  C  C  E  P  T
A  E  B  C  O  N  S  U  L  T  G  M  W  L  J  S
L  Q  Y  P  P  O  L  S  I  N  F  L  A  M  E  C
A  A  T  T  R  A  C  T  I  V  E  H  X  W  O  T
B  E  C  I  M  U  S  N  S  Z  T  J  H  N  V  N
W  R  A  I  N  Y  E  S  S  E  N  I  S  U  B  E
I  S  E  T  R  D  E  S  L  Q  K  P  I  C  L  U
T  T  V  Y  D  C  U  F  G  I  I  C  H  R  T  Q
H  R  K  A  E  J  Q  E  V  R  E  S  B  O  O  E
D  I  M  R  T  C  E  R  E  T  I  B  K  W  O  R
R  D  U  A  X  I  O  M  A  T  I  C  O  D  T  F
A  E  G  E  F  R  E  Q  U  E  N  T  O  E  H  V
W  V  A  L  U  A  B  L  E  Y  U  Q  L  D  W  K
O  R  R  A  Z  I  B  Z  A  Q  R  E  M  O  V  E
```

ACCEPT	ATTRACTIVE	AXIOMATIC
BALANCE	BIT	BIZARRO
BUSINESS	CONFLATE	CONSPIRE
CONSULT	CROWDED	ERECT
FREQUENT	FREQUENT	IMPLICATE
INFLAME	LETHAL	LOOK
MADDENING	MICE	OBSERVE
PROFUSE	RAINY	RECESS
REMOVE	SET	SLOPPY
STRIDE	TOOTH	VALUABLE
VAST	WAX	WITHDRAW

Insulting Names

```
B E E W D N A M Y E G O B A P G
Z E T V Q K Y T R O H S B I P P
N N I T E R C X T G N I R O B M
U Z W E I R D O F D U M B O W Z
T D H Y O B M U D L O O F Z V X
J F V L E D E Y D O B O N K J O
O A L I G N O R A M U S M A O M
B Q K A P W R C C S H M E R S M
T G P H W Y T A T L I L C E N U
E K Y T I K L N B O P N N N O L
C L O W N C Z Y E W P O U N W W
O C E W V U K D B P I N D O F H
B M E A T H E A D O E C T O L I
L Q P X H C Q S O K N E G B A N
G R G E E Z E R G E I S G R K E
E M A L W P T V R E K N I O E R
```

BARNEY	BOGEYMAN	BORING
CHUCKY	CLOWN	CRETIN
DUMBO	DUMBO	DUNCE
DWEEB	FOOL	GEEZER
HICK	HIPPIE	IGNORAMUS
KAREN	LAME	LUMMOX
MEATHEAD	NOBODY	NONCE
NOOB	NUTJOB	OINKER
SHORTY	SLOWPOKE	SNOB
SNOWFLAKE	TYKE	WEIRDO
WHINER		

American Rivers

```
X E K A N S H E E N J E K C U J
O D A R O L O C Z V E R D E A R
O C T E H C O F K A C S G R I A
D S T Z I L P X M L C I B O K N
E K A N G A L A A W K I G L A A
T S D V B G R C E H D R I G H K
V E E M I G K N I G A C B N S L
E M L B O A A R E N K T G I I U
R A T S M H S G D I K M C K V G
M J A A A O J E T Y Y I O H I Q
I D S S C A H A N M I S S S E E
L P I E R K T R A P L S S Y K E
I P P I S S I S S I M O A C U H
O N O R R A M I C V U U T A B Y
N J H S K A G I T W A R O N O W
A T E E L K A L A N U I T O K O
```

ALAGNAK	AMARGOSA	CHETCO
CIMARRON	CLACKAMAS	COLORADO
COSSATOT	DELTA	GULKANA
IMNAHA	IVISHAK	JAMES
JARBIDGE	KING	KLICKITAT
KOBUK	LOXAHATCHEE	MISSISSIPPI
MISSOURI	OWYHEE	PECOS
RIOGRANDE	SHEENJEK	SKAGIT
SNAKE	SYCAN	UNALAKLEET
VERDE	VERMILION	WENAHA

Clothing Stores

```
U N I Q L O F R E E P E O P L E
R W T O M M Y B A H A M A K D I
V I C T O R I A S E C R E T C L
A B E R C R O M B I E Y B B O E
W E R C J P L F E A R A Z L M E
Z X S E L A D G N I M O O L B N
M F B D S W W L A G E S D E R F
Y C I L B U P E R A N A N A B I
M O R T S D R O N H V R S A K S
S O C I H C S L L A H S R A M H
A Y D A I N O G A T A P O E U E
J H S A M A D E W E L L S H Y R
E X P R E S S Y C A M W S S U M
A U A Z A V R O L Y A T E N N A
S W A E R O P O S T A L E Q H H
W C L V M M L U L U L E M O N X
```

ABERCROMBIE	AEROPOSTALE	ANNETAYLOR
BANANAREPUBLIC	BLOOMINGDALES	CHICOS
DSW	EILEENFISHER	EXPRESS
FREDSEGAL	FREEPEOPLE	JCREW
LULULEMON	MACYS	MADEWELL
MARSHALLS	NORDSTROM	PATAGONIA
ROSS	SAKS	TOMMYBAHAMA
UNIQLO	VICTORIASECRET	ZARA

Just Some Words

```
F  B  P  O  W  D  E  R  K  P  O  T  A  T  O  E
U  R  P  F  R  E  S  H  E  V  I  S  U  B  A  V
S  Z  R  E  L  I  T  R  E  F  F  M  D  S  N  M
B  I  O  Y  D  T  A  P  D  B  Y  Q  S  K  O  F
Y  K  C  D  R  R  R  T  E  D  I  O  U  S  T  L
A  R  E  N  I  O  R  Q  Y  C  L  I  W  Q  I  O
L  E  E  A  V  P  A  S  V  T  A  P  Q  J  C  W
N  R  D  H  I  S  N  Z  A  E  C  A  U  Y  E  E
I  A  P  R  N  N  G  H  E  S  I  T  A  N  T  R
L  L  D  S  G  A  E  H  T  W  T  N  G  D  E  H
Y  C  N  R  D  R  S  E  A  S  I  C  K  N  Z  E
F  E  V  A  A  T  S  S  N  V  L  Q  R  E  B  C
F  D  A  E  B  W  T  H  M  X  O  R  A  T  Q  Y
U  P  R  B  K  E  E  U  U  E  P  U  I  N  V  Y
L  U  F  H  S  A  B  E  H  N  L  N  N  O  T  W
F  A  W  H  G  A  U  G  L  Y  K  O  X  C  K  O
```

ABUSIVE	ARRANGE	BASHFUL
BEAR	CONTEND	DECLARE
DRIVING	FERTILE	FLOWER
FLUFFY	FRESH	HANDY
HESITANT	INLAY	LEEWARD
NOTICE	POLITICAL	POTATO
POWDER	PROCEED	RAIN
SEASICK	SHUN	TAP
TEDIOUS	TRANSPORT	UGLY
VEIN	WASTE	

1 Syllable Words

```
D I Z Q U S J H B T E R E K I K
A G N I T F H E P J N A I C X L
M E G I B E S I T F T Z W A L K
B B C F A D H I F R E S H R A O
U K I L A R Y H G E E F Z T S H
F Z K B V E G Y T I P L R V G O
R W E J D Y B H F G B E I D F Y
X Z E I E Y O U T H Q H F F H Y
G C R R D B P A Y T P P G W J A
R K H S C T X A H L W U I S S D
O V S L C S O C R O R L H C S Y
X I A L J L T L V O L I U G O E
S V M I P I Z K E P F D N C R Z
A J S M P X T T O T J O D F C M
A G E V S E X A G O L K E E P V
T L I K X N Q Y V Q L P X K Q P
```

AIR	CROSS	DAY
EAT	FILE	FREIGHT
FRESH	GEM	GRAIN
HEAL	LONG	LOOK
LOOP	LOT	MILL
PEEK	PITCH	RIDE
SCREW	SHIFT	SHY
SMASH	STICK	TRACK
VAT	WALK	WILL
YOUTH		

Female Singers

```
R  O  W  Q  S  A  G  A  G  Y  D  A  L  C  T  W
E  O  J  S  T  R  E  I  S  A  N  D  H  M  F  M
H  C  S  Z  E  H  D  A  A  W  Y  L  O  M  I  S
C  C  E  G  F  O  Q  Y  G  A  L  A  U  A  W  A
G  L  V  H  A  L  T  R  U  E  L  R  S  D  S  N
D  R  A  B  N  I  A  R  I  C  O  E  T  O  Y  N
S  O  R  I  I  D  R  E  L  N  D  G  O  N  E  A
E  N  G  V  E  A  E  P  E  O  A  Z  N  N  K  H
P  S  S  A  S  Y  V  I  R  Y  R  T  O  A  A  I
N  T  U  R  K  C  I  B  A  E  I  I  S  P  I  R
O  A  M  O  M  E  R  Y  R  B  K  F  K  I  C  K
S  D  A  L  H  L  Y  S  E  K  A  V  R  L  I  N
K  T  F  L  S  E  N  W  T  L  H  Z  A  O  L  O
C  A  R  E  Y  D  N  A  H  A  S  P  L  U  A  I
A  V  S  V  D  A  E  I  A  N  F  S  C  D  C  D
J  Q  H  H  L  D  J  F  W  T  G  R  A  N  D  E
```

ADELE	AGUILERA	ALICIAKEYS
ARETHA	BEYONCE	CAREY
CHER	CLARKSON	DION
DOLLY	DUOLIPA	FITZGERALD
GRANDE	HOLIDAY	HOUSTON
JACKSON	JENNYRIVERA	LADYGAGA
MADONNA	MUSGRAVES	PERRY
RIHANNA	RONSTADT	SHAKIRA
STEFANI	STREISAND	SWIFT
WINEHOUSE		

Muchas Palabras

```
W  A  T  E  R  N  O  I  T  C  A  N  T  S  B  F
E  Q  R  O  O  F  W  N  N  W  T  W  I  G  O  Y
C  M  E  T  S  B  A  E  E  K  R  Y  M  M  H  Q
A  D  O  O  T  S  R  E  D  N  U  N  A  O  B  Y
L  W  Z  N  T  O  Q  U  I  D  W  W  P  O  A  U
W  O  B  M  C  M  W  Q  F  O  E  Z  O  R  T  N
B  L  F  E  E  O  W  E  N  M  L  B  O  H  T  O
E  L  C  M  T  G  E  K  O  C  S  S  V  C  L  I
A  A  U  O  E  P  N  S  C  E  R  W  E  N  E  T
N  H  S  C  D  U  E  A  R  T  F  A  N  U  E  C
C  S  H  L  L  W  T  V  E  I  A  A  G  L  Z  I
S  T  I  E  A  E  A  L  V  A  R  X  M  U  I  R
K  H  O  W  T  T  Y  V  O  B  B  V  A  I  S  F
I  G  N  A  I  T  X  K  N  E  T  H  G  I  L  U
N  I  G  O  S  G  U  O  C  E  A  N  E  N  X  Y
G  N  N  K  J  U  O  Y  F  A  T  H  E  R  E  S
```

ACTION	ANTS	AWESOME
BAIT	BATTLE	BEAN
CUSHION	DETECT	FAMILY
FATHER	FRICTION	GATE
LACE	LIGHTEN	LUNCHROOM
MAP	NIGHT	OBSERVATION
OCEANEN	OVEN	OVERCONFIDENT
QUEEN	ROOF	SHALLOW
SIZE	SKIN	STEM
SUGAR	TWIG	UNDERSTOOD
UNKNOWN	WATER	WELCOME

Soccer Teams

```
Q U C H E L S E A R S E N A L A
T A D C Q B R A Z I L D G D M P
L G S A V I H C Z W M M I E R E
M W E S T H A M A I V R R E V S
L A Y Z V S B R L F D I S E X U
I S N R U S O A Z A C Q R A Y T
V S T C O B N M A H T N E X N
E C A B H M O L A Y O O H N A E
R L A T P E A C B N L A I G L V
P E T M A E S A I E Y A D L A U
O C O S R G Y T C X M D K A G J
O N I R A E E R E R E W K N M W
L A D C R C A R E R Z M Q D V X
G R K N K B W G X M U I G L E B
V F C Q W Y T E V L B S P A I N
Z M N C Y S I J N X D K X A J A
```

AJAX	AMERICA	ARSENAL
BARCELONA	BAYERN	BELGIUM
BRAZIL	CHELSEA	CHIVAS
DYNAMO	ENGLAND	EVERTON
FRANCE	GALAXY	JUVENTUS
LIVERPOOL	MANCHESTER	MEXICO
MILAN	NEWCASTLE	REALMADRID
REGATAS	ROMA	SPAIN
STGERMAIN	USA	WESTHAM

Human Body

```
R  O  I  R  E  T  S  O  P  Q  A  T  I  B  I  A
J  C  E  R  E  B  R  U  M  G  R  N  U  F  O  B
U  O  S  U  P  R  A  C  M  G  E  P  U  R  C  N
G  B  R  E  A  S  T  S  Z  X  T  A  K  S  C  I
C  E  R  E  B  E  L  L  U  M  I  L  A  F  I  E
M  E  T  A  C  A  R  P  U  S  N  I  O  L  P  V
S  K  C  O  T  T  U  B  Y  S  A  R  C  I  I  E
L  R  W  V  A  N  I  R  P  L  E  H  L  V  T  L
E  D  F  L  Z  R  E  E  I  F  R  I  V  P  A  C
S  S  E  B  I  T  C  M  I  O  G  L  S  M  L  I
S  I  L  S  R  I  B  N  M  A  T  O  I  A  L  L
E  M  B  A  R  I  G  O  M  C  X  E  V  S  K  L
V  R  O  T  C  E  S  E  A  M  I  V  L  W  I  O
E  E  W  V  R  O  N  L  U  F  R  L  E  D  E  F
W  D  E  U  M  T  F  K  G  D  L  A  P  C  U  I
N  V  P  E  D  R  O  C  I  T  A  M  O  G  Y  Z
```

ALVEOLI	ANUS	ARTERY
BREASTS	BUTTOCKS	CALF
CARPUS	CEREBELLUM	CEREBRUM
CHROMOSOME	CORD	DERMIS
ELBOW	FOLLICLE	FOREFINGER
IRIS	LIGAMENT	LIMBIC
METACARPUS	OCCIPITAL	PELVIS
POSTERIOR	RETINA	TIBIA
TRICEPS	VEIN	VESSELS
ZYGOMATIC		

Completely Random

```
C O M P E T I T I V E V C O P K
F D P U D E K N S V R Z G K O M
Z J F C I C X O U P E P M C N P
K D J I N N R I Y R K L T E J Q
W E I Y S A C T C F A A A N R N
M G E T U T I O N R E R T S V E
U A X I R S N M A O R O I O S E
I R A R A M E E D T B P N R F X
D N M U N U M S N A E M D S C E
A E I C C C A H U T K E I H Y C
T B N E E R U C D O I T R I F U
S N A S M I U D E R R A E P I T
A R T T T C V B R U T M C N L I
N O I T C E T O R P S A T Q A V
R N O S U O I D I T S A F Y U E
E C N A R O N G I I H B O J Q B
```

CENSORSHIP	CINEMA	CIRCUMSTANCE
COMPETITIVE	EMOTION	ENRAGED
EXAMINATION	EXECUTIVE	FASTIDIOUS
IGNORANCE	INDIRECT	INSURANCE
PROTECTION	QUALIFY	REDUNDANCY
ROTATOR	SECURITY	STADIUM
STRIKEBREAKER	TEMPORAL	

#36 Timewords 2

```
Y E X D L A I D N U S T Z I H W
T H G I L I W T T O D A Y D T C
F I P S L Y A D R E T S E Y N I
R W E N N E J S U M O T H H O D
E B N O N S C S Y I M O W O M O
P C D S O C E Y O L O N X N U I
E P U A O H C N Z L R I Y O N R
E U L E N E I C H E R G E W I E
K N U S E D T H O N O H A G G P
E C M D R U S R U N W T R N H S
M T R Q U L L O R I S S L I T O
I U S J T E O N G U O I Y N T M
T A I E U P S I L M O U J R I E
G L M H F W H Z A A N V B O M D
V P Q D N O C E S I L L I M E A
O L E N O Z D D S S U M M E R Y
```

FUTURE	HOUR	HOURGLASS
MILLENNIUM	MILLISECOND	MONTH
MORNING	NIGHTTIME	NOON
NOW	PENDULUM	PERIODIC
PUNCTUAL	SCHEDULE	SEASONS
SOLSTICE	SOMEDAY	SOON
SUMMER	SUNDIAL	SYNCHRONIZED
TEMPO	TIMEKEEPER	TODAY
TOMORROW	TONIGHT	TWILIGHT
YEARLY	YESTERDAY	ZONE

Chemicals 1

```
V  X  K  R  Y  P  T  O  N  O  N  E  X  O  C  J
M  G  R  A  I  N  O  M  M  A  H  C  D  K  U  B
R  H  A  E  R  D  N  E  G  O  R  D  Y  H  L  M
E  F  D  M  J  X  Z  Z  H  E  L  I  U  M  F  I
P  W  O  E  M  U  I  N  O  T  U  L  P  V  N  B
P  B  N  L  N  N  E  N  I  D  O  I  N  N  E  M
O  V  W  X  C  I  P  O  T  A  S  S  I  U  M  U
C  R  N  E  G  O  R  T  I  N  F  A  M  B  M  I
M  U  I  C  L  A  C  O  V  K  B  B  E  Z  U  N
J  F  N  R  E  Z  B  M  L  Q  W  L  R  K  I  A
A  L  P  I  R  Q  V  H  X  H  H  E  C  B  S  R
S  U  R  O  H  P  S  O  H  P  C  A  U  O  E  U
R  S  L  E  A  D  Y  I  R  O  N  C  R  G  N  H
T  I  T  A  N  I  U  M  N  T  N  H  Y  O  G  B
N  E  G  Y  X  O  I  R  I  D  I  U  M  L  A  A
S  W  E  N  I  R  O  U  L  F  F  D  O  D  M  I
```

AMMONIA	BLEACH	CALCIUM
CHLORINE	COPPER	FLUORINE
GOLD	HELIUM	HYDROGEN
IODINE	IRIDIUM	IRON
KRYPTON	LEAD	MAGNESIUM
MERCURY	NITROGEN	OXYGEN
PHOSPHORUS	PLUTONIUM	POTASSIUM
RADON	SULFUR	TITANIUM
URANIUM	XENON	ZINC

Photography

```
L E N S H E K S H U T T E R H B
K Z D A S E Q Q C Q V Z G J E I
L O G X I Z J J L Y D W S T O M
X O L E N X B U O C I Y T C H D
B M O X I H A B S D E A H P K I
B H S P F L L N E I M E A M C G
S M S O R E A A U M M R E A A I
N O Y S Z V N S P I G S V M L T
A O H U K G C C C O G E I A B A
P R T R L L E A T O Q W T R I L
Y K P E Z N L O C A Z H A O L V
R R E I T S H J G A W I G N F S
E A D H J P F P A B M T E A L U
O D G M U U C O L O R E N P A C
O I V I E W F I N D E R R O S O
L A P E R T U R E X I J K A H F
```

APERTURE	BALANCE	BLACK
CAMERA	CHEMICALS	CLOSEUP
COLOR	DARKROOM	DEPTH
DIGITAL	EXPOSURE	FINISH
FLASH	FOCUS	GLOSSY
LENS	LIGHT	MATTE
NEGATIVE	PANORAMA	PHOTOGRAPH
SHUTTER	SNAP	VIEWFINDER
WHITE	WIDEANGLE	ZOOM

A Lot Of Words

```
P O N O C Q R E T N E R J S E L
K W L M R X B I K E S P O R F W
C A M H O D I B C Q P A I U A B
O L D E S Y F I R U P W M N C I
H L Z L S E T A R C E S N O C L
S P H L I C J H X I M G U I O L
Y A O O A Z D B M T E O R T M U
P P S R Z S E T O A C O Q C P M
O E P K S U C P S O I D S U A I
R R I L E O U M S R F B H R N N
C G T I M I D E O H I Y I T Y A
E B A M O R O T L T R E P S W T
L A L N C O R N B H C T P E E E
A J O K E T T O D H A A I D T V
I M P L B O N C E K S G N X O Q
N K N I L N I W J N V B G C N J
```

ACCOMPANY
BLOSSOM
CONSECRATE
DESTRUCTION
GOODBYE
ILLUMINATE
LINK
NOTORIOUS
PURIFY
SHOCK
WALLPAPER

BID
CHEW
CONTEMPT
ENTER
HELLO
INTRODUCE
MILK
PORCELAIN
SACRIFICE
SOAP
WIRE

BIKES
COME
CROSS
GATE
HOSPITAL
JOKE
NOTE
PRACTICE
SHIPPING
THROAT

Famous Women

```
R  M  C  K  W  O  M  Y  E  R  F  N  I  W  C  S
E  T  F  A  M  A  G  D  A  L  E  N  E  M  O  T
I  F  B  M  O  N  R  U  B  P  E  H  I  J  W  J
R  O  S  A  P  A  R  K  S  M  A  D  O  N  N  A
U  F  D  L  S  V  D  I  A  N  A  U  K  L  R  H
C  F  L  A  Q  S  H  H  E  O  R  N  O  M  U  T
S  Y  N  O  H  T  N  A  B  N  A  S  U  S  B  E
D  C  X  C  A  S  P  U  E  N  A  M  G  R  E  B
E  K  S  R  I  Q  X  R  K  U  O  L  E  G  N  A
C  A  A  A  R  T  A  P  O  E  L  C  Z  R  M  Z
A  H  R  F  O  G  E  N  I  R  E  H  T  A  C  I
L  L  I  O  T  Z  U  U  N  A  M  B  U  T  O  L
E  O  D  N  C  C  Q  V  H  I  L  A  R  Y  Z  E
V  A  N  A  I  V  E  J  K  R  O  W  L  I  N  G
O  A  I  O  V  A  N  N  E  F  R  A  N  K  F  A
L  E  H  J  T  R  A  H  R  A  E  W  N  G  G  F
```

ANGELOU	ANNEFRANK	BERGMAN
CATHERINE	CLEOPATRA	CURIE
DIANA	EARHART	ELIZABETH
HEPBURN	HILARY	INDIRA
JKROWLING	JOANOFARC	KAHLO
KAMALA	LOVELACE	MADONNA
MAGDALENE	MONROE	ROSAPARKS
SOJOURNER	SUSANBANTHONY	TUBMAN
VICTORIA	WINFREY	

Totally Random

```
B Z X Q P P N B O U L E V A R D
N E T T O R B L I N D L Y T E H
A N Z S R T E S B A T F I I D A
U R T D R S S Y F R N C L B O S
T E X R I S U R C E A E G I C H
U U O O D W O E I T R N P H E S
M Q X P G A H V T A O L R X D Z
N S H L E T T O E E N A A E N T
O E A E C A H H N T G R H J U K
Y T N T R C G Y R N I G B O I O
E O G U N C I E E A M E K L V X
L R E B F U L M B J Z C L A U G
L G R R R Q R Y D A J L G G I
A R E E E S N L C L O G I E Z P
U I Q T A E I H B Y B I O N I C
R T G Y K D H T O B J E C T A M
```

ACCURSED	ALLEY	ANTEATER
AUTUMN	BIONIC	BLACKOUT
BLINDLY	BOULEVARD	CYBERNETIC
DECODER	DROPLET	EGG
ENLARGE	EXHIBIT	FREAK
GRIT	GROTESQUE	HANGER
HARP	HASH	HOVER
IGNORANT	KILLJOY	LIGHTHOUSE
OBJECT	PORRIDGE	POST
ROTTEN		

In Your Pockets

```
B Y O H D C V Q A T T C A H T O
R F N W A L L E T R X J D K E E
N D Y N R P R D H A N X A Y N T
E F D F E G V B U S M Z N D O N
P Y C N K I L O P H B N O I H I
G K C M C O E M U C E L L D P L
W I E P I F A W H P L G N L R W
L T A Y T T C A H A D A G B Y N
Z S F Y S E P K R M B U N L Y W
S N O T E S N S H R M R I E R C
P J Q W T U S T E E E G N A O S
Z Q Z I J L S B Y S H O P I Z C
F D C V G K B M A T M P N I V Q
C K P W C U G R E M E S U B A D
H Q U A R T E R L R H A M M Q G
U V T U W A J D S G A T X H K N
```

CANDY	CHAPSTICK	COINS
DOLLARS	ERASER	GUM
JUNK	KEYS	LIGHTER
LINT	MONEY	NOTES
PASS	PEN	PENCIL
PENNY	PHONE	QUARTER
RUBBERBAND	STAMPS	STICKER
TACKS	TAGS	TRASH
WALLET	WRAPPERS	

Find The Words

```
Q  S  U  O  I  X  O  N  B  O  T  E  V  A  R  B
D  E  V  R  U  C  E  T  R  I  T  E  G  T  F  G
O  E  S  D  D  Q  L  E  F  F  I  C  I  E  N  T
H  M  I  P  E  L  B  I  C  N  I  V  N  I  B  E
E  L  X  R  U  D  A  U  E  J  E  H  N  G  S  H
V  Y  D  D  Q  E  E  Y  O  P  G  I  N  I  C  H
I  P  E  O  I  K  E  W  I  U  A  I  T  H  S  U
S  P  N  U  N  O  R  R  O  T  L  A  P  U  N  M
U  S  I  B  U  O  G  T  R  Z  R  H  O  S  D  O
L  Y  M  T  H  R  A  E  Z  G  Y  D  A  E  H  R
C  C  R  F  B  C  T  A  Q  O  N  M  F  Z  E  O
N  H  E  U  J  N  D  C  H  E  E  R  F  U  L  U
O  O  T  L  E  E  Y  M  M  U  Y  S  B  K  L  S
C  T  E  S  S  E  L  E  S  A  E  C  C  W  Z  L
N  I  D  L  N  W  R  T  E  R  R  I  F  I  C  K
I  C  W  E  T  T  O  A  M  E  T  A  R  I  G  S
```

AGREEABLE	BRAVE	CEASELESS
CHEERFUL	CROOKED	CURVED
DAZZLING	DETERMINED	DOUBTFUL
EFFICIENT	ENTERTAINING	FULL
GRATIS	HEADY	HUMOROUS
INCONCLUSIVE	INVINCIBLE	IRATE
OBNOXIOUS	PSYCHOTIC	RIPE
SEEMLY	SIX	TERRIFIC
TOUGH	TREMENDOUS	TRITE
UNIQUE	WET	YUMMY

More Shopping

```
L F B F P R T U O K C E H C O P
T E R B I B W F L O O R P H Y V
A I D L L T U Q K M C B O N U S
V N B O V A T Y L B C H J Q M M
D I R E M I Y I I I E B E A I Q
E A O R D S D A N N E D S C B I
D R Z E N N D O W G G T D H K N
W Y R B E A R N N A E P E M R T
O C G P I T C A U R Y D P E F E
R T S B C M H S C F T V A C I R
C T C E A C P A E A X H R I N E
N E L R V D R I C L S J T O P S
G E K R U D I K B B L H M H A T
Y E F M M R C A S I V I E C I D
T K M X V A E G I J O M N Q Z W
E P I W S C S M T K B J T G Z I
```

BONUS	BUYING	CARD
CASH	CHANGE	CHECK
CHECKOUT	CHOICE	CREDIT
CROWDED	DEBIT	DEPARTMENT
ELECTRONIC	FITTING	FLOOR
FUNDS	INTEREST	LAYAWAY
MARKET	MASTERCARD	MODEL
PRICES	SCAN	SELLING
SPEND	SWIPE	VISA

Greek Alphabet

```
N U T B F U M A J Q B X S E C G
R V H A G E M O M C C O L W Z K
A L P H A H Z V Q G R D A E R R
X K B T B V W N K O I Z M P C A
Y T I N R E T A R F R S B Y P Y
L P T O V C O I H W V H D P O C
D J H R E P T N E I C N A G D S
C W E C S Y S T E M C K U F E C
C Z T I U N O L I S P E J A L B
Z I A M M K T W M G C Z L R T E
S G Y O I J Z T E B A H P L A T
A A R X K J G E I H P M C R K A
T D M D Z X N G R E E K M Z T F
E H S Y M B O L O S G P N A W U
Z X A H Z H P G I O T A K W P V
O H G C R M V Y K X R E D C C Z
```

ALPHA	ALPHABET	ANCIENT
BETA	DELTA	EPSILON
FRATERNITY	GAMMA	GREEK
IOTA	KAPPA	LAMBDA
MU	OMEGA	OMICRON
PHI	READ	RHO
SIGMA	SORORITY	SYMBOL
SYSTEM	TAU	THETA
ZETA		

Random Words Fun

```
Z E H O O F S D T L A C I N Y C
I J R N H G H C U N U E G Y R K
P U E P O E N T E R P R I S E L
R I T N O I T A N I M O D X A O
A X N X K B S S L Y U E F N F K
G B U N W R I L T G M O O U N E
M I O K O S A L U O U I R U N C
A K C X S C E D L P G B C E I Q
T I N Y Z U E I R E M K E O A Y
I N E Q R Q S N R E L O R D W R
C I U C M H A T T E T E C H U E
O P C A M S N T S D H A Q E H L
N M A E R T S D O O L B W N N B
D C N M O U N T A I N H Q W Y A
O T B T S E T A E R G D E T I C
O E V A R B L E M A R A C Q M T
```

BIKINI
CABLE
CONDO
DARK
DOMINATION
EUNUCH
HOOFS
MOUNTAIN
REGIONAL

BLOODSTREAM
CARAMEL
CRUELTY
DEBUG
ENCOUNTER
GREATEST
INNOCENT
PRAGMATIC
SISSY

BRAVE
COMPULSION
CYNICAL
DEMOLISHMENT
ENTERPRISE
HEROIC
KNUCKLES
REAR
WATER

Strong Beverages

```
U  O  S  T  E  N  R  E  B  A  C  Y  W  V  F  Z
Y  F  O  O  R  P  M  I  V  I  B  V  O  D  K  A
X  S  T  I  R  I  P  S  C  N  O  L  N  R  K  L
K  E  E  F  D  D  B  T  M  I  U  P  R  E  E  B
T  Y  L  O  H  O  C  L  A  T  R  K  S  G  D  T
J  V  A  Z  I  K  S  W  E  R  B  O  K  A  E  I
C  H  A  M  P  A  G  N  E  A  O  B  H  L  L  N
S  L  C  E  A  I  A  P  O  M  N  M  D  Q  L  A
C  N  A  L  B  N  O  N  G  I  V  U  A  S  I  T
O  X  T  C  H  A  R  D  O  N  N  A  Y  S  T  T
T  O  B  E  G  Y  E  K  S  I  H  W  J  J  S  A
C  J  N  O  H  E  G  A  L  I  U  Q  E  T  I  H
H  I  F  W  O  D  R  A  U  G  H  T  K  W  D  N
W  A  P  I  C  Z  V  U  H  D  R  I  N  K  S  A
X  T  N  E  M  R  E  F  Q  J  G  M  H  J  O  M
B  R  E  W  E  D  M  F  M  O  D  E  L  O  G  R
```

ALCOHOL	ALE	BEER
BOOZE	BOURBON	BREWED
BREWSKI	CABERNET	CHAMPAGNE
CHARDONNAY	DISTILLED	DRAUGHT
DRINKS	FERMENT	IPA
LAGER	MANHATTAN	MARTINI
MODELO	PROOF	SAUVIGNONBLANC
SCOTCH	SPIRITS	TEQUILA
VODKA	WHISKEY	WINE

#48 State Capitals

```
N J U N E A U X D A T S U G U A
D D N O M H C I R E S R C Y C W
H Q P T E N A I K N S A L E M R
R W R S S O T P J N O O F S W X
A O O E I T L H A E N L A I H I
R T V L O N A E U Y L Y U L R N
L N I R B E N L X E O M S O E E
E E D A W R T E O H C P T P I O
D M E H D T A N F C N I I A L H
E A N C B Z N A Z M I A N N E P
N R C G A N N A P O L I S A P O
V C E E S S A H A L L A T I T Z
E A O Z A Z G N I S N A L D N X
R S O G U O Y R E M O G T N O M
A I S P R I N G F I E L D I M S
K X V U D Y Z N O S I D A M W V
```

ANNAPOLIS	ATLANTA	AUGUSTA
AUSTIN	BOISE	CHARLESTON
CHEYENNE	DENVER	HELENA
INDIANAPOLIS	JUNEAU	LANSING
LINCOLN	MADISON	MONTGOMERY
MONTPELIER	OLYMPIA	PHOENIX
PROVIDENCE	RICHMOND	SACRAMENTO
SALEM	SPRINGFIELD	TALLAHASSEE
TRENTON		

#49 Parking Lot

```
G C A R E M A C W P A S S N D T
P A C I D N A H W A L K W A Y I
S R E V I R D S R C C G T I C X
A B I C L S P O T U Z D S R U E
V E B L A E I R R O E P E T R N
C A S E L R V T R C P R C S B T
A X L E M E J E N O T P A E C R
R W C E V K G A L O R A P D D A
E G O R T E R A C P G R S E N N
F B N L A U I O L K L K I P I C
U U E I S S U H O X I I T M F E
L M O N V Y H J T L N N M S Y S
R P I K U A E W P T F G G I O Z
A E F C Z G E K B A C K U P T L
E R T O I D I L L O T I C K E T
R J L O O K I N G N I Y A T S N
```

BACKUP	BUMPER	CAMERA
CAREFUL	CARJACKING	CRASH
CURB	DRIVERS	ENTRANCE
EXIT	FIND	FLOOR
HANDICAP	IDIOT	ILLEGAL
INSURANCE	KEYS	LEAVING
LEVEL	LIMIT	LOOKING
LOST	LOT	MIRROR
PARKING	PASS	PEDESTRIAN
REAR	SLOW	SPACES
SPOT	STAYING	STOP
THIEVES	TICKET	TRUCKS
VALET	WALKWAY	

49

COVID Year

```
R P N E G A T I V E S T O H S Z
V O K S C H O O L C O R O N A G
I L L J J N I A R T S R R E B D
R I H W B N P A N D E M I C E L
U T F V A O Y E A R K E S N N R
S I K S A M O T Y P S G U A I O
E C N C R E Z S R C A R D T T W
T S L W F O N C T A N U R S N T
O E N R O B R I A E V S G I A N
M B K M H D E B C P R E Y D R A
E P E B W G K V B C R X L S A I
R V C C C X U C I T A O O S U R
O P E N I N G O O V E V T J Q A
P R O T E I N U C L R S M E A V
Y A W S H U T D O W N U T H C B
A N Y E F A S E V I T I S O P T
```

AIRBORNE	BOOSTER	CARD
CORONA	COUGH	DISTANCE
JAB	LOCKDOWN	MASK
NEGATIVE	OPENING	PANDEMIC
POLITICS	POSITIVE	PROTECT
PROTEIN	QUARANTINE	REMOTE
SAFE	SCHOOL	SHOTS
SHUTDOWN	STRAIN	SURGE
SURVIVE	TEST	TRAVEL
VACCINE	VARIANT	VIRUS
WORLD	YEAR	ZOOM

Even More Words

```
T R W E D U L C X E D H W V E K
K M M L D O O L B R P S Y U L F
A I E Z S E T O W E R I N G W O
C E S D Q U I N C E R F F S T R
T K L S U Z R E P U S Y U T E S
E I I A C C E P T A B L E E L A
D L O J W W A C K Y G L H N L K
B A B I E S S T M Y B E S S I E
P D E T I C X E I Q E J U E N N
C O N D I T I O N O E T R F G L
O Y D A E H F S I R N F B R A A
E D A U G H T E R U O L H B F C
P R A C T I C A L J V E T H R I
I J S E N C I R C L E S O H A D
L S E G N A R O C O P E O Y I E
L A N R E T N I F G N M T M D M
```

ACCEPTABLE	ACTED	AFRAID
ALIKE	BABIES	BEEN
BLOOD	CONDITION	COPE
DAUGHTER	EDUCATION	ENCIRCLE
EXCITED	EXCLUDE	FORSAKEN
HEADY	INTERNAL	JELLYFISH
KISS	MEDICAL	OIL
ORANGES	PRACTICAL	QUINCE
SELF	SUPER	TELLING
TENSE	TOOTHBRUSH	TOWERING
WACKY		

Computers

```
I Y E Z R R S D O K D M H W A R
H E C I V E D L R B I Y M E Z O
A S U O M N Q N F E R B J D E T
R Z O A M J J C E O T J M D W I
D N G T R P X X M M F U I U C N
D I S W N V U E P W O V O N M O
R I I O Z I M T G Y S R G R O M
I L S F F S C U E P O E I S U J
V J A K I T P A H R R S G F S W
E L U P D W W I M P C S A M E I
W P S Z T R M A J M I E B A Q L
C U K I J O I W R F M C Y R C A
S E L B A C P V A E E O T G F U
Z A W K A P P L E I D R E O B D
H T A B L E T H E B O P O R F I
S T O R A G E F J J M D U P R O
```

APPLE	AUDIO	CABLES
COMPUTER	CPU	DEVICE
DISKDRIVE	GAMES	GIGABYTE
HARDDRIVE	IBM	LAPTOP
MACINTOSH	MEMORY	MICROSOFT
MODEM	MONITOR	MOUSE
PROCESSER	PROGRAM	ROUTER
SOFTWARE	STORAGE	TABLET
VIDEO	WIFI	

#53 First World War

```
N E R A F R A W Q N Y S H Q F D
T U O F F E N S I V E R C L E O
R R G R N W U B G A Z B N G R G
E B E - T R G L C H V I E E D F
N Z G D E A E I Z J S P R R I I
C K Y V N N R T A U Y L F M N G
H M T X N E I J S R Y A F A A H
D F A K M Z R H Y E A N T N N T
E R E A F P O R C V W E W R D X
I O R E O C A S U A L T I E S E
L N T I S A B T Y S M I L T W S
L T S E C I T S I M R A S S W A
A O F O T T O M A N W D O A T E
N J R E V O L U T I O N N E G S
H N G R E A T S R U S S I A N I
K S A M S A G D N A L G N E M D
```

ALLIED	AMERICA	ARMISTICE
BIPLANE	CASUALTIES	DISEASE
DOGFIGHT	EASTERN	ENGLAND
FERDINAND	FRENCH	FRONT
GASMASK	GERMAN	GREAT
MACHINE-GUN	OFFENSIVE	OTTOMAN
POISON	REVOLUTION	RUSSIAN
SURRENDER	TREATY	TRENCH
WARFARE	WESTERN	WILSON

Adjectives 1

```
E D G K T C A C C E P T A B L E
D E N J Y B J Y B C I N A G R O
U A I E F F I C I E N T J X H C
C F G R N E V I T I S I U Q N I
A E A O U N R Y W D A M E E J T
T N A M T V L L U E L E H V S A
I I B A R I A L B Y M N I I Q M
O N A N I R M U I Y B O S S C O
N G N T T O I F Q R S I T N S R
A T D I I N T S U A F S O E M A
L N O C O M P S I N Y E R P A Q
E A N D U E O E T I T L I X L R
L I E M S N X C O D I E C E L Y
P G D L V T I C U R G S A P J J
E S O O L A R U S O H S L D L B
O Z R M C L O S C I T S E J A M
```

ABANDONED	ACCEPTABLE	AGING
AROMATIC	DEAFENING	EDUCATIONAL
EFFICIENT	ENVIRONMENTAL	EXPENSIVE
GIANT	HISTORICAL	INQUISITIVE
LOOSE	MAJESTIC	NOISELESS
NUTRITIOUS	OPTIMAL	ORDINARY
ORGANIC	ROMANTIC	SMALL
SUCCESSFULLY	TIGHT	UBIQUITOUS

Round Things

```
R  G  T  B  T  P  C  E  L  L  U  L  A  R  R  V
Q  M  L  Y  I  I  L  H  L  V  F  G  L  N  O  E
Q  U  O  P  B  C  R  E  E  K  O  T  U  R  N  A
B  D  O  Y  R  M  M  E  V  R  B  S  N  C  R  H
W  R  I  I  O  P  N  Q  A  I  V  A  X  N  O  I
D  H  C  K  W  Q  E  A  N  W  M  V  O  L  O  C
P  A  U  S  P  H  E  R  E  E  H  O  E  L  V  C
E  L  L  I  P  S  E  M  N  U  P  T  P  K  O  C
C  P  A  B  E  I  O  T  V  S  E  J  U  V  E  R
I  S  U  N  Y  L  N  L  H  B  Y  M  S  O  J  T
F  S  Q  C  E  I  E  N  A  Z  C  G  E  T  M  P
I  N  K  D  W  T  W  E  I  V  C  Y  C  L  E  M
R  L  A  S  V  I  R  A  H  G  O  B  B  A  L  L
O  E  Z  V  E  K  Y  K  I  W  N  T  E  S  V  I
H  D  O  O  R  K  N  O  B  S  D  Z  K  K  H  R
V  A  W  W  A  M  O  O  N  D  T  J  V  Q  O  K
```

BALL	BULB	CELLULAR
CIRCLE	CUP	CYCLE
DOORKNOB	DROP	ELLIPSE
EYE	HEAD	HOLE
MOON	MOUTH	NAVEL
ORBIT	ORIFICE	ORNAMENT
OVAL	PLANET	SPHERE
SPINNIG	SPOON	SUN
TIRE	WAIST	WHEEL

Science Related

```
S U P E R E G O R E T S I G E R
B I O M E D I C I N E F M V A Y
C I T U A N O R T S A T K A H G
X F Y S Y G O L O T Y C R W T O
T F T S I R U T L U C I R G A L
N R E C O L O G I C A L F B M O
E E M I S C E L L A N E O U S I
I D O M M T S I R O E H T H S M
L N L A C I M O N O R T S A T E
C O C U L T I V A T O R Z H K D
O W A A Y G O L O H C Y S P U I
X S Z V A D D R E S S A B L E P
Y N O J Y G O L O H C Y S P R E
E I N I T I A L I Z A T I O N H
M A C C E S S T S I M O N O C E
C H L B Y G O L O R O E T E M F
```

ACCESS	ADDRESSABLE	AGRICULTURIST
ASTRONAUTIC	ASTRONOMICAL	BIOMEDICINE
CLIENT	CULTIVATOR	CYTOLOGY
ECOLOGICAL	ECONOMIST	EPIDEMIOLOGY
INITIALIZATION	MATH	METEOROLOGY
MISCELLANEOUS	PSYCHOLOGY	PSYCHOLOGY
REGISTER	SUPEREGO	THEORIST
WONDER		

Thanksgiving 1

```
U X J O A F E O A E I P O J I K
T G R N S O G M L H A R V E S T
Y R O J K O G V S N A I D N I D
A A L J C T N N I K P M U P X V
I T L H I B O C Q O E A T I N G
P I S T T A I B L E S S I N G S
O T E U S L T T U R K E Y R S A
C U O O E L A E T H R C E L M P
U D T M L U R H K F R J G A I P
N E A Y D F B K J A O C N V R L
R E T L N E E U N I O H I I G E
O D O P A T L B C K V A F T L S
C A P K C A E E U K E R F S I C
N R W P C R C Z T D N I U E P O
N A Q S R G N R O C R T T F K X
C P L Y T H O L I D A Y S X C P
```

APPLES	BLESSINGS	CANDLESTICKS
CELEBRATION	CHARITY	CORN
CORNUCOPIA	CRANBERRY	EATING
FESTIVAL	FOOTBALL	GRATEFUL
GRATITUDE	HARVEST	HOLIDAY
INDIANS	OVEN	PARADE
PILGRIMS	PLYMOUTH	POTATOES
PUMPKIN	REJOICE	ROLLS
STUFFING	TURKEY	

#58 Countries

```
F R A N C E H O V U A E R O K G
O I A Y S O O N A T S I K A P V
O K Y S W E D E N D J H O U I G
G E R M A N Y C W L A K C G R R
P A N I H C D H D B P M I A E E
J V L A G U T R O P A F X R L E
E T H I O P I A T H N B E A A C
Y U K R A I N E H S V I M C N E
A F G H A N I S T A N K O I D P
W A J A K B L A G S Z N P N Z A
R N B C B E L G I U M Z N J I N
O B E I T J Q L A D A N A C T A
N A I R E G I N L E A R S I A M
L T H E D S A R U D N O H Z L A
H O U M I N A R I R D L X Q Y W
L D S A I D N I E N A I S S U R
```

AFGHANISTAN	AMERICA	BELGIUM
CANADA	CHINA	ETHIOPIA
FRANCE	GERMANY	GREECE
HONDURAS	INDIA	IRAN
IRELAND	ISRAEL	ITALY
JAPAN	KOREA	MEXICO
NICARAGUA	NIGERIA	NORWAY
PAKISTAN	PANAMA	PORTUGAL
RUSSIA	SWEDEN	UKRAINE
ZIMBABWE		

#59

Onomatopoeia

```
A M P K C O N K W H A M H U D N
O D E K E V C G Z A K V Y E A H
V I C V T T N O N Z W H V S U T
N U N H G O O O X I P U C C I H
B T O K D O T Z M S Z V O D E A
C N E G P L I D N P Q Z M G P F
K C N S G N C P B L J E U E O N
N I H N G V K R D A N F R B O D
D C S S I M T M A T I K X I F W
L Z A B N A O C V C L A N K N C
P T R S V O C O Y P K Q P P I G
K W C S Z S K G B Y L L N E X T
S Q P Y I N U D E L Z Z I F E B
G N I R A O R S Q U E A K N O P
H D G N A B K G U S Y A Q H G R
M R X M U H S A B P R I H C Y R
```

BANG	BASH	BOOM
BUZZING	CHIRP	CLANK
CRACKLING	CRASH	DINGDONG
FIZZLED	HICCUP	HONK
KNOCK	MEOW	MOO
OINK	OOOPS	PEEP
POOF	RING	ROARING
SPLAT	SQUEAK	TICKTOCK
WHAM	YEAH	ZING

Education

```
V V E C O N F O U N D E D E Y S
W B E F U D D L E D F A S T M E
F E T A C U D E X U A S K A U R
F X T D Q F T Z J Y C U A N E U
K U S A O U E N A K U S R I C D
G S S O U E M U X O L P E C Y I
Q F L E A D Z M P O T E S C L T
Q A C H D A A E Y H Y N P A N E
N T R A N S C R I P T D E V A Q
B D E N O L A I G F Z A C N M A
O A P L I R C C J Z N H T X U P
Y O Q X B Y J A D M I S S I O N
I D O I J C L L C I H T A P M E
S P L V N S D L G S K O O B Z S
H C U A B E D Y T S O D E B A R
F Q U A R T E R C I V I L I S E
```

ADMISSION	ALONE	ALOOF
BEFUDDLED	BOOKS	BOYISH
CIVILISE	CONFOUNDED	DEBAR
DEBAUCH	EDUCATE	EMPATHIC
ERUDITE	FACULTY	FUSED
GRADUATE	HOOKY	LIBRARY
LYCEUM	NUMERICALLY	QUARTER
RESPECT	SUSPEND	TRANSCRIPT
VACCINATE		

Construction

```
T B U I L D I N G D C T N I A P
R H L L A W Y R D O P E N K V X
E E S A F E T Y N E L G E A M U
N F Z A L H Y T R A I S I S M Y
C O X H W Z R M C S N T N S D F
H F I R N A I I E E C W S T U O
N S V T C T R D C O C D P R Q U
T C O T C T M I N I X L E U Q N
C U O A C U L C E Q N H C C S D
E R S E F F R X S N C E T T H A
T E L A T E R T F L G G I U I T
I E U K T E Y A S Q O I O R N I
H N J E F H M N M N J O N E G O
C G N I B M U L P E O P T E L N
R R O O F A Y M E T K C X Q E M
A K Z J E H E Q W H W O O D S R
```

ARCHITECT	BUILDING	CONCRETE
CONSTRUCTION	CONTRACTOR	DESIGN
DRYWALL	ELECTRICAL	ENGINEER
FOUNDATION	FRAME	HELMET
INSPECTION	LICENSE	PAINT
PERMIT	PLUMBING	ROOF
SAFETY	SAW	SHINGLES
STRUCTURE	TOOLS	TRENCH
WOOD		

Baseball Teams

```
O W S E T A R I P S N A I D N I
N B X O S D E R K B S T J L Z H
S K F S X L S E L O I R O O Z O
G I A N T S A P B T W I N S B T
S S K C A B D N O M A I D R L O
C S N K T S P B O S O R T S A H
I E S D G E E Q F I O K K Q N S
T R S O B R A V O Y T E F S G N
E D R D R A I I A L F A X D E I
L A E G E Y Q L X R V I N E L L
H P N E W S S A Z B B F V R S R
T K I R E S B S E I L L I H P A
A O R S R T U Z R T L X F C X M
I R A V S E C X O S E T I H W O
U F M S T M I L I Q R G G W B G
T R A N G E R S L A N I D R A C
```

ANGELS	ASTROS	ATHLETICS
BRAVES	BREWERS	CARDINALS
CUBS	DIAMONDBACKS	DODGERS
GIANTS	INDIANS	MARINERS
MARLINS	METS	NATIONALS
ORIOLES	PADRES	PHILLIES
PIRATES	RANGERS	RAYS
REDS	REDSOX	ROYALS
TWINS	WHITESOX	

Fourth of July

```
W M B L U E F O U R T H V D L Y
A Q N P R Y G C E U T A T S E T
N P P X E U C E B R A B Q I A R
O H K A M E E Y Q N F X N A G E
I N O I T U L O V E R D C M L B
T G C Y V R I D P Z E M O E E I
A U E L A R I L O P E C N R A L
R N L U V M E O E O R B S I L S
A A E J C D U N T E D K T C L T
L T B T G E D N L I R X I A E A
C I R E I E E K I O S J T N G T
E O A Q N H R K W T Q M U S I E
D N T C R A W E N J E Z T N A S
M A E F P E R O Z A Q D I C N F
D L I S M I Z V R S Y T O I C G
G A L F F N P A R A D E N W E T
```

ALLEGIANCE	AMERICAN	BARBECUE
BLUE	CELEBRATE	CONSTITUTION
DECLARATION	DOODLE	EAGLE
FIREWORKS	FLAG	FOURTH
INDEPENDENCE	JULY	LIBERTY
NATIONAL	PARADE	PATRIOTISM
PLEDGE	RED	REVOLUTION
SPARKLER	STATES	STATUE
UNITED	WHITE	YANKEE

Country Life

```
T  R  Q  P  O  N  D  Z  U  T  N  A  L  P  P  R
B  B  H  F  A  R  M  L  A  N  D  M  M  G  K  F
T  O  U  T  D  O  O  R  S  K  T  A  E  Q  B  E
R  Q  G  D  T  L  T  R  E  E  S  R  V  Y  S  J
A  H  M  R  I  V  E  R  S  C  B  O  N  U  L  R
C  E  C  A  P  S  C  R  Y  A  B  B  O  K  L  X
T  H  P  Y  T  R  E  P  O  R  P  H  F  D  I  S
O  O  A  K  T  G  G  O  E  L  N  G  I  R  H  E
R  N  T  C  Z  P  Z  R  T  E  F  I  N  A  S  S
A  Z  I  A  R  U  O  O  E  Z  E  E  D  H  D  R
N  S  O  B  C  T  R  R  I  I  N  N  K  T  A  O
C  W  E  I  S  R  G  B  N  E  C  E  V  V  O  H
H  W  E  K  E  A  E  F  Y  F  E  N  N  Q  R  K
A  X  Q  Y  A  G  F  S  P  O  R  C  L  X  Z  A
V  G  Q  G  L  L  A  N  I  M  A  L  S  K  X  B
Y  S  S  A  R  G  N  T  O  W  N  A  G  L  A  I
```

ACRES	ANIMALS	BACKYARD
CROPS	FARMLAND	FENCE
GRASS	GREENHOUSE	HILLS
HORSES	LAKES	NEIGHBOR
OUTDOORS	PATIO	PLANT
POND	PROPERTY	RANCH
RIVERS	ROADS	SPACE
STORE	TOWN	TRACTOR
TREES		

Mix and Match

```
Y F Y X C F B D C N E R A S E R
H S U L P I I R O E L E G A N T
I H M Y V S E I C C L N C B R W
S H L O A E S O D N C O E E Y L
K T R S P E M K O E N C N E E O
H Y T I M M C I R N O O R L J W
M E N A O R T R E M I I E S N B
R C K N A I A C I T A T T G O L
H E N C N Z T N U P V H S I I O
R G K U I E G C S P X G O F T W
B V M B D P E E B U X I P T S G
O M H N P X D J G H A L M E A U
A M E L E E H W N I P F I D B N
O S A H B R O T H E R L N C R J
S O V T S X G S I N E L T T I L
Q I Y F Y L N E V A E H Y T A U
```

AMMUNITION	BASTION	BECOMING
BIZARRE	BLOWGUN	BROTHER
COMMON	CONNECTEDNESS	CRACK
CREEP	DESPAIR	DISASTER
ELEGANT	ERASER	EXECUTIONER
FLIGHT	GIFTED	HEAVENLY
HEAVY	IMPOSTER	IVORY
LITTLE	LOW	NOISEMAKER
PINCH	PINWHEEL	PLUSH

First Names

```
J  G  Y  F  Z  L  Q  X  M  Y  S  K  A  V  G  I
B  O  J  R  J  A  D  K  A  J  T  N  A  R  O  D
N  L  S  U  O  U  N  X  R  N  A  R  K  R  F  D
E  I  P  E  L  G  A  T  S  M  T  I  U  N  E  H
J  S  I  T  X  I  E  Y  H  N  A  Y  R  B  X  N
E  A  V  F  N  E  E  R  A  O  N  R  R  A  E  G
F  B  M  H  G  D  O  Q  G  N  A  K  O  M  N
F  D  C  B  W  I  L  L  I  A  M  Y  S  H  N  L
L  E  A  H  C  I  M  O  I  H  A  O  H  U  S  E
F  X  J  L  X  F  U  U  R  S  Q  O  I  I  S  V
I  B  O  B  R  Y  R  R  A  L  D  A  R  R  E  N
S  E  M  A  J  N  C  D  F  V  P  H  O  R  J  O
I  Z  N  I  R  O  B  E  R  T  C  I  S  V  E  G
T  K  A  O  V  Q  O  S  H  X  G  D  H  F  R  Q
Y  E  G  S  T  E  V  E  N  D  I  F  I  Q  U  W
K  A  T  H  Y  Q  P  H  N  E  C  I  N  U  E  U
```

ANTHONY	CHRIS	DARREN
EUNICE	FRANK	GREGORY
HIROSHI	JAMES	JEFF
JOSE	JULIE	KAREN
KATHY	LARRY	LISA
LOURDES	MARIA	MARK
MARSHA	MICHAEL	ROBERT
RUBEN	SHARON	STEVEN
SUSAN	TYRONE	WILLIAM

Random Mania

```
E R I M D A C F A H Y R R E B D
C X V N T I T F R G U E S K I T
Y L P U S G T V U A T M C P K P
G V C U U E G H L A W E O S A Y
F L M O R N H H E E G N A R R A
D R O M L C N W S G Q V D O O R
Q L A V U O S H O R R I F Y S P
A T E R E T R D E H U O U V U E
H U V R Y Q A F O T U U V E O E
H Y T N R T C G U L A S W R I P
T I I O E A O Y A L L L H S R B
V R E S M W U A V M D S E E O L
B M E L O A S Q S W Y F T R T O
S R N S N L T N I A T N O C C O
T E E W S C I I D S G T A F I D
S G F W Y A C G C B Q H G U V Y
```

ACOUSTIC	ADMIRE	AFTERMATH
ARRANGE	ASSERT	AUTOMATIC
BERRY	BLOOD	COLORFUL
CONTAIN	CURVY	CUT
DOLLS	DOOR	ENVIOUS
GAMY	GLOVE	HORRIFY
HUMOR	HUSH	MUSIC
PEEP	PLY	QUARREL
RELATE	RESET	RULE
SAG	SAY	SEW
SKI	SOW	SWEATER
SWEET	TIE	VERSE
VICTORIOUS		

#68 Emergency

```
T D C P F A L S E A L A R M K R
Q E U B A I E H E S N E R I S E
N A Z A N R K C S A E Q S V E T
L T I E T J A I N P F D O C A S
N H R S E X U M S A I M I A L A
W P E O R Y Q T E H L L O L L S
A Q S D R D H N K D O U O M C I
T P P R O E T U W P I O B O L D
T A O E R G R Z R O M C T M E O
A N N V I A A E G R D H S E A C
C I S O S R E H A M I K E F R Q
K C E L T T X R W C R C C R T I
H Y C N E G R E M E T A A O I M
E C C R I M I N A L A I L N L F
K P W C H W W L L I R D O A E P
W O C F D L A C I D E M Z N Q Y
```

ALARM
ATTACK
DEATH
EARTHQUAKE
FIRE
LOCKDOWN
PANIC
REACTION
SIRENS

ALLCLEAR
CALM
DISASTER
EMERGENCY
HURRICANE
MEDICAL
PARAMEDICS
RESPONSE
TERRORIST

AMBULANCE
CRIMINAL
DRILL
FALSEALARM
LIFE
OVERDOSE
POLICE
SHOOTER
TRAGEDY

Christmas

```
P O N A M W O N S K L O R A C H
J H P L O D U R O H M N J V D E
E P W R A P P I N G E E U X P O
S R G R S U A L C Q I P U O V T
U V E N A T E G G N O G A I Q E
S S J G I A O Q N V U R X R V L
W T C A N D Y C A N E P E D D T
W N I F S A D H K E F L T N Y S
W E N V E G M E D I C W I O G I
G S N C V G Y N L I N R R H B M
N E A H L V I R C S A G I O J J
I R M I E E W I E D I R P H A Q
G P O M R C B H G I E L S O M S
N P N N N A T I V I T Y S H R W
I I L E F B N O R T H P O L E L
S H C Y A J F Q M A T N A S G V
```

CANDYCANE	CAROL	CHIMNEY
CINNAMON	CLAUS	EGGNOG
ELVES	HOHOHO	ICICLE
JESUS	MANGER	MISTLETOE
NATIVITY	NORTHPOLE	PRESENTS
REINDEER	RIDE	RUDOLPH
SANTA	SHEPARDS	SINGING
SLEDDING	SLEIGH	SNOWMAN
SPIRIT	STOCKING	WRAPPING

Containers

```
M N O T R A C A X B I N R A R W
D B B V M D H R I O T V C F S P
J X A H C U O P T E K C O P H K
M U G S J W L D R Z R F N O J O
I P A C K A G E G A R O T S K Z
M N M J A E C E Q H J R A R C N
E S A C M N T E K O Y H I M A C
K U Y H A M E V D C Y J N P S T
P N Z K B O W L L G F A E M U E
B P N D E K B E T Q M S R B Q K
R A Z C W E R E N T E A E T F C
T U C R T R K R D X O L S E T U
B U A A A C D S O V J B K G R B
X P L B A U L B L F Z U U N A X
J P F P Q P W H X H Y J W P N B
I C M U G S O M R M Z U Y V H W
```

BAGS	BARREL	BASKET
BIN	BOTTLE	BOWL
BOXES	BUCKET	CAN
CARTON	CASE	CONTAINER
CUPS	JAR	JUG
KEG	MUG	PACKAGE
PACKET	PLATE	POCKET
POUCH	SACK	STORAGE
TANK	TRAY	TUBE
WRAP		

NBA Teams

```
S C I T L E C S Q Z U W C B V Y
S U N S G C R V U V Z Z A J H F
E J G E Q E L Y D V B S V M R N
M M Y Q Z S N I D G K V A A W U
O N E A H K G R P C C W L G R G
O B L P R C R M U P O A I I A G
T B K I O I I B Y S E R E C P E
N E T S B N Z S T E W R R J T T
U O W T K K Z S H V R I S O O S
R Q D O G C L P U L H O R O R W
Z O W N S W I U N O A R E Q S I
X D C S H W E R D W W S K F W Z
D R C K H B S S E O K B A T V A
K L O S E E Y Q R V S L L U B R
S G N I K T A S Z G A P D L L D
F S C I N O S T A H F M F E O S
```

BLAZERS	BUCKS	BULLS
CAVALIERS	CELTICS	CLIPPERS
GRIZZLIES	HAWKS	HEAT
JAZZ	KINGS	KNICKS
LAKERS	MAGIC	MAVERICKS
NETS	NUGGETS	PISTONS
RAPTORS	ROCKETS	SONICS
SPURS	SUNS	THUNDER
WARRIORS	WIZARDS	WOLVES

Presidents

```
N P W H E F R F W N O T N I L C
I T T Y P M O O I J V O B A M A
X L R D C A O L B L R C B R T Z
O U U E S D S K X N L T N A R G
N D M N W I E G D E Z M Y L E P
E L P N N S V J V R K K O L V I
G I K E O O E E N U A N A R E E
Q A S K T N L J D B R O N J E R
G R R E G A T Y R N E S E O L C
N N A F N E C V O A A I D H I E
O A C D I H K A F V G R I N N P
S M J I H E O L R A A R B S C U
L U C K S H L W O T N A O O O G
I R A A A E R D E P E H I N L W
W T S T W N T C J R J R Z K N Z
N J E F F E R S O N H H S U B W
```

BIDEN	BUSH	CARTER
CLEVELAND	CLINTON	EISENHOWER
FILLMORE	FORD	GARFIELD
GRANT	HARRISON	JEFFERSON
JOHNSON	KENNEDY	LINCOLN
MADISON	NIXON	OBAMA
PIERCE	POLK	REAGAN
ROOSEVELT	TRUMAN	TRUMP
TYLER	VANBUREN	WASHINGTON
WILSON		

Classical Music

```
T N I L O I V U K T L O N A I P
R S C B A R O Q U E O P E R A U
A F O R G A N O X M A R C H H Q
Z S D C I W Z M R Y K Q N N C X
O D Y O S N R O H C C H O E A R
M H L M Q M W J A X H S I V B Z
R Z W P P H B A A R O E S O G T
O V O O N H E R G S I L S H S E
T T O S F C O R Z N R H U T T T
C E D E P P Q N O N E S C E R R
U U W R W X L I Y C Y R R E I A
D N I V A F T K H I S I E B N U
N I N B L A T V I D M M P Y G Q
O M D S T N E M U R T S N I S Q
C R S O Z R Z M E L O D Y Y I R
I A N O C O N C E R T O A D P E
```

BACH	BAROQUE	BEETHOVEN
CHOIR	COMPOSER	CONCERTO
CONDUCTOR	HORNS	INSTRUMENTS
MARCH	MELODY	MINUET
MOZART	NOTATION	OPERA
ORCHESTRA	ORGAN	PERCUSSION
PIANO	QUARTET	SCORE
STRINGS	SYMPHONY	VIOLIN
WAGNER	WALTZ	WOODWINDS

Apartment

```
W  B  E  D  R  O  O  M  B  C  G  A  X  E  N  S
N  E  H  C  T  I  K  A  P  J  E  P  C  M  P  T
R  E  N  T  A  L  T  M  U  N  I  T  J  Q  N  M
L  A  N  H  Q  H  U  A  C  P  G  A  T  E  H  N
R  V  B  K  R  S  R  I  A  T  S  L  M  V  Y  U
O  S  C  O  O  M  O  N  T  H  E  T  P  W  T  P
Y  X  O  O  O  Q  S  T  Y  L  R  A  E  Y  I  Y
R  M  R  A  M  F  C  E  W  A  R  G  D  Z  R  F
D  I  O  N  M  M  O  N  P  K  K  M  S  H  U  D
N  E  T  B  A  J  U  A  I  A  D  I  T  G  C  E
U  E  A  A  T  Z  G  N  I  D  L  I  U  B  E  P
A  S  V  L  E  K  G  C  I  D  C  M  R  H  S  O
L  A  E  C  J  D  P  E  O  T  X  Z  J  Z  B  S
Z  E  L  O  G  A  R  A  G  E  Y  A  B  T  J  I
I  L  E  N  Q  H  U  Q  V  S  R  O  O  L  F  T
Q  R  N  Y  V  E  V  I  S  N  E  P  X  E  G  M
```

APARTMENT	BALCONY	BATHROOM
BEDROOM	BUILDING	COMMUNITY
DEPOSIT	ELEVATOR	EXPENSIVE
FLOORS	GARAGE	GATE
KITCHEN	LAUNDRY	LEASE
MAINTENANCE	MONTH	PARKING
RENTAL	ROOMMATE	SECURITY
STAIRS	UNIT	YEARLY

Vegetables

```
R P Y I A O C Z C A R R O T V K
N M Y H T L A E H J D O G A C L
Q I U A C A B R O C C O L I O E
O O Y S L U R E P P E P Y K R R
E S T P H E C U M K O N I O N A
J P V A D R T U C G M T M F S D
K I Y R M Y O T M A A M A R I I
U N R A A O W O U B B R W T D S
C A T G E W T W M C E B L U O H
H C A U L I F L O W E R A I V V
I H Q S B O K C H O Y B E G C P
L P G T V S N E E R G U C O E O
E H E L B A T E G E V S N A E B
V I I D V I N I H C C U Z Z P C
S Q U A S H T C E L E R Y M T O
Y S T D A L A S T L Y A M S D D
```

ASPARAGUS	BEANS	BOKCHOY
BROCCOLI	CABBAGE	CARROT
CAULIFLOWER	CELERY	CHILE
CORN	CUCUMBER	GARLIC
GREENS	HEALTHY	LETTUCE
MUSHROOM	ONION	PEPPER
POTATO	RADISH	SALAD
SPINACH	SQUASH	TOMATO
VEGETABLE	YAMS	ZUCCHINI

New Years

```
D  K  N  I  R  D  L  E  E  L  A  D  P  R  B  J
E  X  P  E  N  S  I  V  E  T  C  R  E  E  H  I
C  R  V  R  V  E  E  Z  W  W  Q  X  V  S  Y  E
E  E  T  A  R  B  E  L  E  C  U  W  L  O  F  Q
M  V  N  U  S  Y  J  U  N  W  A  V  E  L  I  O
B  O  T  Q  N  L  T  A  G  Q  I  K  W  U  R  C
E  G  A  S  E  Y  A  R  N  H  N  N  T  T  E  O
R  N  D  E  R  W  D  O  A  U  T  X  S  I  W  U
W  A  A  M  I  I  S  R  G  P  A  G  Y  O  O  N
U  H  N  I  F  K  F  D  O  H  N  R  W  N  R  T
C  B  C  T  N  N  Q  Y  N  P  C  Z  Y  S  K  D
S  T  I  K  O  U  H  G  T  E  E  V  Y  T  S  O
S  R  N  R  B  R  R  O  M  R  I  U  O  A  J  W
I  F  G  Q  B  D  R  U  R  S  I  R  J  R  O  N
K  U  P  A  R  A  D  E  Q  N  S  H  F  T  V  R
I  F  T  H  G  I  N  D  I  M  S  F  T  W  O  F
```

ACQUAINTANCE	BONFIRE	CELEBRATE
COUNTDOWN	DANCING	DECEMBER
DRINK	DROP	DRUNK
EVE	EXPENSIVE	FIREWORKS
FRIENDS	GOALS	HANGOVER
HORNS	JANUARY	KISS
MIDNIGHT	NEW	PARADE
PARTY	RESOLUTIONS	START
THIRTYFIRST	TIMESQUARE	TWELVE

Holidays

```
R A I G R E M E M B E R Y P S P
E F O U R T H A D H O L I D A Y
B T H A N K S G I V I N G A M R
M E M O R I A L V Y N X E Z T K
E T L R N E L I N C O L N N S K
C A Y K L V Y L I M A F S A I V
E R G W T Q D E S O L C N W R E
D B N E W Y E A R S K B Q K H T
L E G N I N D E P E N D E N C E
G L A N E E W O L L A H N J W R
F E L D E N I T N E L A V L V A
M C F N O V E M B E R M T P L N
M I V A C A T I O N R S V V A S
M J U L Y B H A N U K A H O B X
L T F V C O L U M B U S Q E O W
K O W S T N E D I S E R P T R H
```

CELEBRATE	CHRISTMAS	CLOSED
COLUMBUS	DECEMBER	FAMILY
FLAG	FOURTH	HALLOWEEN
HANUKAH	HOLIDAY	INDEPENDENCE
JULY	KWANZA	LABOR
LINCOLN	MEMORIAL	MLK
NEWYEARS	NOVEMBER	PRESIDENTS
REMEMBER	THANKSGIVING	VACATION
VALENTINE	VETERANS	

Bathroom

```
B P S J Z B P X M I R R O R Z E
J A L L U V O F U K N I S C I V
Q G T D C V L I G H T S S R A A
G K A H Y O B S E G A D N A B H
S V C J T Y M F A U C E T Y P S
P P U H S U R B H T O O T E A O
O L R U X I B T F V B O I N O O
N U T N G S E L T C O F O I S O
G N A U K N O O N T D U Z C T P
E G I A I O W Z H V Y J W I E M
S E N B R E X P A V W M Z D L A
H R A C L E A N E R A H N E I H
O C V H K S I E E W S D H M O S
W M O L T T M G N E H A M W T W
E S K E Y C T T X N H N L L M S
R Q Q Y Y K R R E Y R D R I A H
```

BANDAGES	BATHTUB	BODYWASH
CABINET	CLEANER	COMB
CURTAIN	FAUCET	FLOOR
HAIRDRYER	LIGHTS	MEDICINE
MIRROR	PLUNGER	SHAMPOO
SHAVE	SHOWER	SINK
SOAP	SPONGE	TOILET
TOOTHBRUSH	TOOTHPASTE	TOWEL
VANITY		

NFL Teams

```
T  K  F  P  F  K  K  Q  Q  Z  F  A  D  S  L  S
I  H  B  S  C  M  Z  S  S  C  O  E  O  N  N  G
T  S  R  N  O  T  S  N  K  H  R  N  L  O  G  N
A  A  O  W  L  Z  R  I  W  I  T  J  P  I  X  I
N  N  N  O  T  H  E  K  A  E  Y  G  H  L  O  K
S  E  C  R  S  A  L  S  H  F  -  Y  I  M  Q  I
E  H  O  B  G  S  E  D  A  S  N  P  N  P  R  V
I  I  S  L  S  F  E  E  E  B  I  A  S  A  I  W
S  T  E  J  R  H  T  R  S  N  N  T  T  C  C  C
L  S  H  B  E  Z  S  O  C  Y  E  R  N  K  E  O
S  W  G  D  G  V  O  F  D  W  R  I  A  E  R  W
N  F  C  A  R  D  I  N  A  L  S  O  I  R  B  B
A  N  S  A  A  B  U  C  S  A  A  T  G  S  I  O
X  X  K  E  H  C  S  T  N  I  A  S  Q  I  L  Y
E  L  G  U  C  N  F  B  E  N  G  A  L  S  L  S
T  R  A  M  S  D  C  S  R  E  D  I  A  R  S  M
```

BENGALS	BILLS	BRONCOS
BROWNS	BUCS	CARDINALS
CHARGERS	CHIEFS	COLTS
COWBOYS	DOLPHINS	EAGLES
FORTY-NINERS	GIANTS	JETS
LIONS	PACKERS	PATRIOTS
RAIDERS	RAMS	REDSKINS
SAINTS	SEAHAWKS	STEELERS
TEXANS	TITANS	VIKINGS

Pharmacy

```
Y N C S H A T O O T H P A S T E
A V O E M A K E U P F D J F A P
N S N S X N H I B U P R O F E N
O R S S I O Y I F F O P O R D P
I E U A L I R S S C D C V Y Z S
T P L L L T E E O X R T S U Y U
O A T G N P T V O B U N N T T P
L I A H E I E I P S G A I S U P
E D T B S R M T M S S R M I A L
N J I A S C O A A P T O A C E E
I P O N G S M X H O O D T A B M
C U N D A E R A S R R O I M C E
I K K A Q R E L C D E E V R P N
D C Y G R P H H S E V D E A I T
E I Z E V I T Y I Y A A P H I S
M P A S P I R I N E M K J P C I
```

ASPIRIN	BANDAGES	BEAUTY
CONSULTATION	CREAM	DEODORANT
DIAPERS	DROPOFF	DRUGSTORE
EYEDROPS	GLASSES	IBUPROFEN
ILLNESS	LAXATIVES	LOTION
MAKEUP	MEDICINE	PHARMACIST
PICKUP	PRESCRIPTION	SHAMPOO
SUPPLEMENTS	THERMOMETER	TOOTHPASTE
VITAMINS		

Guitars

```
P  T  T  X  H  C  C  S  E  V  E  L  D  D  I  F
E  A  T  W  H  K  A  P  L  R  Z  F  C  L  B  A
Q  L  R  C  T  C  C  U  Y  E  B  C  O  T  L  S
E  Y  E  T  L  E  O  K  T  T  A  L  U  O  E  D
B  D  S  C  S  N  U  C  S  S  N  A  N  G  S  V
K  O  T  Q  T  T  S  I  R  A  J  S  T  B  S  H
U  B  R  L  B  R  T  P  E  C  O  S  R  Z  O  E
U  W  U  U  R  R  I  O  G  O  L  I  Y  L  N  A
K  O  M  F  I  E  C  C  N  T  U  C  G  N  S  V
E  L  C  E  D  I  R  S  I  A  A  A  U  O  Z  Y
L  L  N  N  G  F  F  D  F  R  P  L  Z  S  S  M
E  O  X  D  E  I  H  R  R  T  S  Y  B  B  K  E
L  H  P  E  B  L  Z  O  E  S  E  J  A  I  C  T
E  U  K  R  L  P  W  H  N  T  L  A  S  G  I  A
R  Q  K  L  R  M  V  C  U  Z  S  U  S  P  P  L
F  S  T  M  S  A  Y  N  T  S  T  R  I  N  G  S
```

ACOUSTIC	AMPLIFIER	BANJO
BASS	BRIDGE	CHORDS
CLASSICAL	COUNTRY	ELECTRIC
FENDER	FIDDLE	FINGERSTYLE
FRETS	GIBSON	HEAVYMETAL
HOLLOWBODY	LESPAUL	LESSONS
NECK	PICKS	PICKUPS
STRAP	STRATOCASTER	STRINGS
STRUM	TUNE	UKELELE

Timewords

```
J  R  A  B  L  A  U  N  N  A  F  T  E  R  C  M
N  M  L  L  A  C  I  G  O  L  O  N  O  R  H  C
T  N  E  B  A  W  E  E  K  D  A  Y  D  X  D  A
H  B  Q  R  W  R  A  A  T  S  A  X  M  O  A  X
G  V  B  A  I  C  M  N  U  D  J  A  A  N  Y  P
I  Y  T  U  L  D  D  C  Y  T  J  W  U  I  L  P
N  M  L  O  J  E  I  R  L  T  U  X  T  U  I  E
T  O  C  R  T  Y  E  A  M  O  I  M  S  Q  G  V
R  K  E  A  A  V  E  H  N  A  C  M  N  E  H  E
O  P  L  F  E  E  V  A  R  J  K  K  E  A  T  N
F  E  R  A  D  N  E  L  A  C  J  B  K  L  L  I
B  B  I  C  E  N  T  E  N  N  I  A  L  A  F  N
Q  V  E  K  S  L  A  I  N  N  E  I  B  C  M  G
Y  R  U  T  N  E  C  E  R  O  F  E  B  S  J  Y
A  F  T  E  R  N  O  O  N  N  M  X  Y  I  H  E
Q  P  S  D  R  A  W  R  E  T  F  A  S  F  K  L
```

AFTER	AFTERNOON	AFTERWARDS
ALARMCLOCK	ANNUAL	ANYTIME
AUTUMNAL	BEFORE	BELATED
BELL	BICENTENNIAL	BIENNIAL
CALENDAR	CENTURY	CHRONOLOGICAL
CLOCK	DAYLIGHT	EARLY
EQUINOX	EVENING	EVERYDAY
FISCAL	FORTNIGHT	MERIDIAN
WEEKDAY		

Cellphone

```
O Q U D V E R I Z O N L L T S X
F Z A Q E R Q O T Z Y A V Z N Y
L T N S A V S A M S U N G E Q H
A I O T R B D W Z P R D E Q E E
I T I A B V L R I O X R L L G C
D C T R U A T L T E C O G Q A I
S M P E D R F C T S Z I G C S V
M S E M S H E - A X T D N A S R
A I C A I T M N M R E A I S E E
R J E C O O C O R T T T M E M S
T Z R R B O N R B U G N A V A L
P P P I J T O A I X B S O V P Z
H H L Y H E B N L C D H R C P Y
O E W L B U C E L L K O H Y L H
N B Y O T L C H A R G E R R E G
E C E I A B F E M X J U T J R Z
```

ANDROID	APPLE	BILL
BLUETOOTH	BURNER	CAMERA
CASE	CELL	CHARGER
CONTRACT	CRICKET	DATA
DIAL	EARBUDS	FLIP
MESSAGE	MONTHLY	PROTECTOR
RECEPTION	ROAMING	SAMSUNG
SCREEN	SERVICE	SMARTPHONE
T-MOBILE	TEXT	VERIZON

Religion

```
N L N S U N B I B L E T N G J S
P E A C E Y S M L A S P J S U T
G N C O M U S L I M R N U C D N
L A C I L E G N A V E N T H A E
S H L H T I A F H F D Z R U I M
T M C T I C L Z C A E W G R S D
U C R A I I A O Y S M C P C M N
D H Y B T M G R I P P V E H H A
Y R A B J H R D P X T P T Z G M
U I D A E F O R E L I G I O N M
D S R S J M A L S I O M C M K O
N T U S G N O S I R N E E R O C
I I T D I O Q U Z C K G R W R L
H A A P K N R M S I D D U B A X
I N S P E L P M E T X K T P N S
S I U Z Q P R A Y E R H A R O T
```

BIBLE
CHRISTIAN
EVANGELICAL
ISLAM
MUSLIM
PRAYER
REDEMPTION
SATURDAY
STUDY
TORAH

BUDDISM
CHURCH
FAITH
JUDAISM
PEACE
PSALMS
RELIGION
SIN
SUNDAY

CATHOLIC
COMMANDMENTS
HINDU
KORAN
PRACTICE
RECITE
SABBATH
SONG
TEMPLE

Sports 1

```
A  P  L  A  Y  O  F  F  S  I  N  N  E  T  E  P
K  Y  S  L  J  R  U  N  N  I  N  G  U  B  H  I
C  M  U  B  A  U  N  I  F  O  R  M  G  B  F  R
J  H  B  D  G  B  C  G  L  L  A  B  T  O  O  F
Q  W  E  W  F  R  T  C  C  H  A  M  P  I  O  N
L  I  A  E  I  A  E  E  G  N  I  H  T  O  N  V
F  N  T  C  R  G  N  G  K  A  Y  B  L  U  I  Z
V  N  K  Z  Y  N  N  S  N  S  R  L  L  W  E  H
S  E  M  A  G  I  D  H  X  I  A  B  J  R  X  D
T  R  T  Y  I  C  G  D  V  B  L  B  O  S  S  E
R  C  I  K  K  A  V  P  E  A  R  W  C  S  M  I
O  Y  S  C  Z  R  A  S  A  E  I  O  O  F  D  A
P  R  K  E  Q  P  A  T  C  W  R  S  A  B  Y  J
S  F  N  C  I  B  H  C  Z  E  Y  K  S  I  O  P
D  I  V  I  S  I  O  N  R  E  S  O  L  R  T  J
O  R  D  Q  T  S  I  D  P  H  G  L  P  G  X  M
```

BASEBALL	BASKETBALL	BEAT
BOWLING	CHAMPION	CHEER
CRICKET	DIVISION	FANS
FOOTBALL	GAME	LOSER
NOTHING	PLAYOFFS	RACING
RUNNING	SCORE	SKIING
SOCCER	SPORTS	TENNIS
UNIFORM	WINNER	ZERO

More Nouns

```
K U E Z K K O O H V C Q J D C Q
G P E Q C R C V Q W W R B D M A
I U R J A P A J P V E Z I S R V
A L T L K H N M B U T Y B B U C
N M B T E A A O Q V S G W T L F
T E E L S E V P T U A H Q H E B
S Z P A I L E J D P T P Y P V P
F R Y W L C J C V H M S V M A I
E R J J W S H U I F U E H A J W
K E L U R U V N N V H G T C V I
F Z V O I M G K A S D N A T G S
M R Y X T S U J G E W A E V A H
N H I M E U M A Y Y S R R C R D
U F J E R Y L A G W Z O B K Z P
S H E J N A E N A Z A X R P N P
V M A S S D V W O D N I W P F P
```

ADVICE	ARMY	ATTEMPT
BREATH	CAKES	CAMP
CRIB	CUBBY	FRIEND
GIANTS	HELP	HOOK
MARK	MASS	MEAL
MUSCLE	ORANGES	PROSE
PUSH	SUN	TASTE
THINGS	TREE	VAN
WINDOW	WISH	WRITER

Language

```
A R A B I C F O W S P I D G I N
A N N C J L R X H I N D I T G I
N P L R Z E E T F U W N M N I X
K P Y E R A N C F A R S I S T N
X T O O Y N C R H O E H G E A A
Z E P L P I H P L I C C U C L E
D G H E Y N V S L A N G O O I R
S R K S C G U B E G Y E M N A O
P A E E Q J L T I M G N S D N K
A T E N D P P O R T U G U E S E
N F R A O I Z Z T Y U L X N L H
I Y G P L A U G N I L I B L A C
S N A A K I R F A M T S W V T T
H L R J C G E R M A N H C C I U
D D J T E V I T A N N K D W N D
S W A H I L I R R U S S I A N U
```

AFRIKAANS	ARABIC	BILINGUAL
CHINESE	CREOLE	DUTCH
ENGLISH	FARSI	FRENCH
GERMAN	GREEK	HINDI
ITALIAN	JAPANESE	KOREAN
LATIN	LEANING	NATIVE
PIDGIN	POLYGLOT	PORTUGUESE
RUSSIAN	SECOND	SLANG
SPANISH	SWAHILI	TARGET
TEACHING		

Dancing

```
J  O  L  C  T  X  B  I  X  G  C  X  E  T  F  X
N  S  I  O  O  T  O  B  O  R  U  Q  C  E  P  Z
P  H  S  Z  W  U  K  F  W  N  M  B  N  T  S  Z
X  C  Q  E  U  X  N  R  O  S  B  T  A  T  E  A
R  S  I  B  R  Z  X  T  A  R  I  E  D  A  O  J
W  P  K  R  R  D  S  R  R  S  A  L  P  N  H  P
A  O  H  A  O  E  U  K  G  Y  L  L  A  G  S  O
L  H  D  Q  L  L  A  T  A  N  V  A  T  O  P  L
T  P  N  R  I  K  K  K  P  S  I  B  S  C  E  E
Z  I  A  Z  D  E  C  L  D  A  P  C  M  G  T  T
C  H  J  L  T  S  F  O  O  A  R  I  N  J  S  E
C  P  O  L  K  A  P  A  L  F  N  T  N  A  M  C
V  M  O  O  R  L  L  A  B  P  B  C  N  D  D  H
E  N  I  L  D  Y  S  K  Q  O  O  W  E  E  W  N
S  A  M  B  A  V  D  I  S  C  O  P  R  O  R  O
I  G  Y  H  P  A  R  G  O  E  R  O  H  C  A  Q
```

BALLET	BALLROOM	BREAKDANCE
CHARLESTON	CHOREOGRAPHY	COUNTRY
CUMBIA	DANCING	DISCO
DRESS	FOLKLORIC	HIPHOP
JAZZ	LINE	PARTNER
POLE	POLKA	POPLOCK
ROBOT	SALSA	SAMBA
SHOES	SPIN	STEPS
TANGO	TAPDANCE	TECHNO
WALTZ		

Noisy Words

```
F  H  J  X  O  S  N  B  E  L  C  H  V  G  R  S
M  G  H  S  T  W  E  E  T  A  G  F  R  C  Y  P
S  R  K  M  M  H  H  K  N  W  N  P  U  X  P  L
U  H  H  U  R  O  J  N  C  H  O  R  T  L  E  A
U  S  S  Q  U  E  A  K  Q  I  D  F  T  C  A  S
J  O  Y  Q  Y  O  T  N  Y  R  G  O  O  U  T  H
S  O  C  O  R  M  V  T  X  R  N  A  O  T  I  C
L  W  R  G  R  S  C  O  U  G  I  S  H  O  M  E
U  S  K  N  O  C  K  L  T  M  D  G  X  N  W  E
R  P  N  E  I  G  H  M  U  R  M  U  R  S  D  R
P  W  L  I  K  H  U  M  G  C  T  Q  Q  I  W  C
W  P  H  E  W  P  Q  L  H  K  K  U  E  Z  H  S
S  A  C  A  Y  H  K  E  G  H  A  C  K  C  I  N
A  W  K  W  M  Y  R  C  C  W  Y  O  U  J  Z  M
D  I  U  F  F  R  A  I  K  M  O  O  R  J  Z  T
U  G  H  F  G  I  B  I  B  E  Z  Z  K  C  T  F
```

BARK	BELCH	CHORTLE
CLUCK	CROAK	DINGDONG
GLUG	GROAN	HACK
HOOT	HUM	KNOCK
MOAN	MURMUR	MUTTER
NEIGH	OUCH	PHEW
SCREECH	SLURP	SPLASH
SQUAWK	SQUEAK	SWOOSH
TWEET	UGH	WHAM
WHIRR	WHIZZ	YELP

Cooking Time

```
X R B I W P M L T S T O V E V G
U E D U T E N S I L S O O K Z E
U H X R J T E Y O P P U R C C Z
N S O E E C V A C I Q R Z A V J
A A E F B R O H H Z C I P R Z V
P W K R L O R I E Z A C L H C S
G H Q I E C E W E A K E A S A S
N S F G N K T N S W E C T I N A
I I S E D P S T E H S O E D O L
K D P R E O A E G E T O H T P G
A S E A R T O F R E A K S O E R
B P E T R R T I A L N E W P N E
X O L O I E V N T K D R T W E Y
C O E R T V X K E R G A M F R A
M N R T S Z T I R O Q R S Y Y L
G N I T S A O R M F A N X P K N
```

BAKINGPAN	BLENDER	CAKESTAND
CANOPENER	CHEESEGRATER	CROCKPOT
DISHRACK	DISHWASHER	FORK
GLASS	KNIFE	LAYER
MIXER	PEELER	PIZZAWHEEL
PLATE	POT	REFRIGERATOR
RICECOOKER	ROASTING	SPOON
STIR	STOVE	TOASTEROVEN
UTENSILS		

Latin 101

```
N R Q S U P M E A C U L P A Z G
R O D E Y D H P R I O R I A Z V
E T E Q M E E D U A L M U C E F
T P J U D F M U L U C I R R U C
A M U I A A K G E M N M W H G E
M E R T R C E V A F U V E C D A
U X E E O T S E I N I D O I A S
L P V R R O S N G T X R F L A N
L A I X U U I A R R P A M E I Q
E R T V A T M O G U N A B W H W
B E A N U S I P S O F A C T O Z
E N E M U A L I B I H X F M M O
T T J P E X M A C H I N A C I Y
N I O J N G C O H D A X A P N W
A S N S A P I E N S Z J D N E K
B K A V B S U T I R E M E B M V
```

ADHOC	ALIBI	ALMA
ANTEBELLUM	AURORA	BONAFIDE
CORPUS	CUMLAUDE	CURRICULUM
DEFACTO	DEJURE	EMERITUS
EMPTOR	EXMACHINA	HABEAS
HOMINEM	IN	INFINITUM
IPSOFACTO	MAGNUM	MATER
MEACULPA	NAUSEAM	OPUS
PARENTIS	PAX	PRIORI
SAPIEN	SEQUITER	VITAE
VITRO		

Capitals

```
P  O  V  J  G  K  A  B  U  L  G  P  I  Q  V  X
L  M  K  O  E  H  K  A  W  N  P  P  P  O  I  S
Q  A  I  T  E  R  M  F  I  O  H  N  A  T  E  L
O  N  N  T  W  I  U  J  H  E  E  L  L  W  N  O
V  A  S  O  L  R  I  S  L  G  B  B  I  A  N  N
E  V  H  W  T  E  A  S  A  T  B  B  N  R  A  D
J  A  A  A  B  L  I  H  A  L  E  W  A  S  T  O
A  H  S  R  G  N  N  G  N  L  E  H  M  A  J  N
R  B  A  I  K  E  M  M  F  K  I  M  T  W  J  A
A  E  E  I  P  O  G  A  I  T  N  A  S  G  X  I
S  R  P  O  G  N  S  C  A  N  B  E  R  R  A  V
S  L  C  U  B  T  Z  O  S  N  E  H  T  A  C  O
W  I  W  Z  W  B  R  U  S  S  E  L  S  F  C  R
Y  N  F  M  P  I  M  I  L  O  P  I  R  T  R  N
S  B  U  J  A  O  K  Q  A  T  O  G  O  B  A  O
A  M  G  C  I  H  P  B  R  A  S  I  L  I  A  M
```

ACCRA	ALGIERS	ATHENS
BEIJING	BELFAST	BERLIN
BOGOTA	BRASILIA	BRUSSELS
CAIRO	CANBERRA	COPENHAGEN
HAVANA	HELSINKI	JERUSALEM
KABUL	KINSHASA	LIMA
LONDON	MANILA	MONROVIA
OTTOWA	SANTIAGO	SARAJEVO
TRIPOLI	VIENNA	WARSAW

Cleaning

```
L E W O T S E L B B U B L P C S
W W P Y R T W A T E R U A T S P
W I T Z B M L P K P Y C U Z I O
J N W E Z S D U S U M K N B S N
D D P M F H C A E L B E D L Q G
S E O K N S E S B V R T R A N E
E X Z V C N E R Q N Q H Y I A Z
P Y G R I V O H L H T S N E L M
M X U H O O Y Z S N G A H Z S U
C B C L M Y S R E I E W S E T U
S A G A M O S G D L D L I P J C
M C O Y A I R D C X P C L I E A
E O E P N E L M M F D Q O W L V
E M Y K T E N H G N I P P O M T
O E L E R E H S A W K U K U X Q
S T D C P E E W S A J A X W U B
```

AJAX	BLEACH	BROOM
BUBBLES	BUCKET	CLEANING
COMET	DETERGENT	DISHES
DRY	GLOVES	LAUNDRY
MACHINE	MOPPING	POLISH
SCRUB	SINK	SOAP
SPONGE	SUDS	SWEEP
TOWEL	VACUUM	WASH
WASHER	WATER	WINDEX
WIPE		

Emotions

```
G N K U S Y M P A T H Y E I S A
O A R U N D O W N J N T T E S F
U N A K E E L O V I N G A N E J
I G P V T T A O P H I F N N R D
I E A N A S N P D H X Y O U T E
X R T W L U N I E D B H I I S P
J P H P U A O J T A T T T A O R
Z G E A G H Y F A N N L C N K E
S K T X E X E M R O E A E X T S
S H I L R E D R T I T E F I Y S
E X C L L O I A S T N H F E P I
N Z C I O I S W U O O Z A T P O
D Q N M T S I P R M C C R Y A N
A G M F L T B K F E M P A T H Y
S X W X B O R E D O M M K Q R V
P O S I T I V E E X C I T E D M
```

AFFECTIONATE	ANGER	ANNOYED
ANXIETY	APATHETIC	BOREDOM
CONTENT	DEPRESSION	EMOTION
EMPATHY	ENNUI	EXCITED
EXHAUSTED	FEELINGS	FRUSTRATED
HAPPY	HEALTHY	ILL
LOVING	MOOD	POSITIVE
REGULATE	RUNDOWN	SADNESS
STRESS	SYMPATHY	WARM

Fashion

```
C I A O B Q M M T R E N D Y J I
A W U E U L S K I R T T A O C P
X S N Q C S O T A N K T O P W P
P N D U R O E N Y F R A C S S H
B A E Y S E L V G Y D H Z P D L
F E R Z B W W O O S F A B R I C
I J W W O M E N R L L F G Q H E
T J E P J R I A Y X G E F R I M
T R A R A E W O T Y D A E R U R
I D R E Z T C S S E S D E V S I
N R J N K E T D I H R G D T E E
G E M G T K S E I Z N I Y S U S
B S R I I C F O R I E L T H T U
R S P S E A N S L N E N L Y M O
K E T E F J V Q P N A G K C H L
F S N D Q Q L F C P M D V J X B
```

BLOUSE	COAT	COLOR
DESIGNER	DRESSES	FABRIC
FASHION	FITTING	GLOVES
JACKET	JEANS	LINGERIE
LONGSLEEVES	PANTS	PATTERN
READYTOWEAR	SCARF	SIZE
SKIRT	STYLE	SWEATER
TANKTOP	TRENDY	UNDERWEAR
WOMEN		

Exercise

```
J  S  R  L  C  S  T  H  G  I  E  W  S  H  T  N
C  D  G  N  I  N  N  U  R  P  S  I  L  E  C  F
K  T  B  K  V  P  A  P  A  S  Y  L  S  H  Q  N
N  S  M  B  U  P  U  G  A  N  A  G  C  O  R  E
H  E  R  M  R  L  O  L  H  B  T  D  D  U  V  Q
N  T  R  H  L  Y  C  V  D  U  M  B  B  E  L  L
E  A  R  -  V  N  N  Q  E  S  I  C  R  E  X  E
W  L  U  O  I  Q  U  K  E  C  N  A  L  A  B  E
H  P  C  P  L  L  E  B  E  L  T  T  E  K  N  P
S  C  S  Y  B  B  R  E  A  T  H  E  L  T  V  O
W  L  T  L  C  L  I  F  T  I  N  G  M  H  A  R
T  R  D  E  O  W  O  R  K  O  U  T  E  U  U  P
A  E  C  R  R  A  C  A  L  O  R  I  E  S  M  M
E  P  V  K  D  T  M  Y  G  V  H  E  R  W  X  U
W  S  E  M  I  T  S  S  E  T  A  L  I  P  J  J
S  S  M  A  Z  J  C  N  W  O  D  L  O  O  C  E
```

BALANCE	BALL	BREATHE
BURN	CALORIES	COOLDOWN
CORE	CYCLE	DUMBBELL
EXERCISE	GYM	JUMPROPE
KETTLEBELL	LIFTING	PILATES
PLATES	PULL-UPS	REPS
RUNNING	SET	SPINCLASS
STRETCH	SWEAT	TIME
WARMUP	WEIGHTS	WORKOUT
YOGA		

Hodge Podge

```
N B E C A L P Y N A P T H I E F
I N O I T C I L F F A M F O U R
G A M I G H T Y G N I D E E L B
S T R E P X E C H A M P I O N Q
O O P A N D E M I C X A M I L C
P U P A R A L Y S I S U A V E G
P A O Q Y T I C A G E M V V C G
O E M A C E B N N E R D L I H C
S S C I N O R T A M I N A Q P K
I R V Q A B I L I T I E S X Z Z
T E L C S Z R N G O O F B A L L
I D O D I A N A L Y S T L D D K
O N V B E E S W A X C P C V O N
N U I E Z X B I R T H D A Y B H
P G C R I S P Y D E M U T S O C
D R Q N O I T A T N E M R E F L
```

ABILITIES	AFFLICTION	ANALYST
ANIMATRONIC	ANYPLACE	BECAME
BEESWAX	BIRTHDAY	BLEEDING
CHAMPION	CHILDREN	CLIMAX
COSTUMED	CRISPY	EXPERT
FERMENTATION	FOUR	GOOFBALL
MEGACITY	MIGHTY	OPPOSITION
PANDEMIC	PARALYSIS	SUAVE
THIEF	UNDERSEA	

Bedding

```
L N O T T O C G N I L O O C O G
M R N W Y A S T R O P P U S R R
A B E D P L S B L A N K E T E E
O D E L B E E S E H J S E F B H
F A T G B L E N E W K Q L U M T
Z E A Z Y U C L N R S D M L U A
N R S Q S P O O S A T H G L L E
Y H V P D B T D Z B L T E C S F
P T G A J O A I H Y T F A E K J
A P I L L O W C A S E S Q M T O
R E P P O T B N K J C U O J S
E Q N Z E L B A T R O F M O C J
H N E E U Q W L O M R I F H L J
T O M R R O T C E T O R P U F J
K Y K I N G P E K C E N T W I N
W D D R A D N A T S F I K L I S
```

BACK	BLANKET	COMFORTABLE
COOLING	COTTON	COZY
DOUBLE	DOWN	EGYPTIAN
FEATHER	FIRM	FLANNEL
FOAM	FULL	KING
MATTRESS	NECK	PILLOWCASES
PROTECTOR	QUEEN	SATEEN
SHEETS	SILK	SLEEP
SLUMBER	STANDARD	SUPPORT
THERAPY	THREAD	TOPPER
TWIN		

Crafts

```
I E P G P S A I H F A B R I C L
E R C I B J G N I W E S E H S Z
T E Y A C J R V Y W X C Q P C T
A D Y A L T K G N I K A M V R N
R R A H L G U M C G W G V J A G
O O R C A P A R T I S T I C P M
C B N R H N S R E K C I T S B O
E Y Y E K A D I R S A W E T O M
D B R A R T N M D Y T D T Q O E
D B O T N T M G A D O F S B K N
H O L I D A Y S I D S D A E B T
E H A V V P Q Z C N E T P R E O
L P U E Y I U C V R G Y L N C K
B E I O G N I N G L I T T E R T
A X J P I G L E U L G U G Y E T
T X B O V V T O E J D R U V C S
```

ARTISTIC	BEADS	BORDER
CRAFTS	CREATIVE	DECORATE
DISPLAY	FABRIC	GLITTER
GLUE	HANDMADE	HANGING
HOBBY	HOLIDAYS	LACE
MAKING	MOMENTO	PAINT
PASTE	PICTURES	QUILT
SCRAPBOOK	SEWING	STICKERS
TABLE	TAPING	YARN

Flowers

```
C H P K B D A I S Y R X B R W E
I Y O U U M L L E B C S L S Z P
L A I H T N U L Y L I L U U X I
I C N Q T N W I O B I A E C E L
L I S X E O O M N S L T B S D U
R N E M R I A O C A E E E I O T
E T T A C L Y R O W R P L B R N
D H T R U E M N L X S E L I C O
N Z I I P D O I U Z R G H H I
E Q A G I N S N M Y T N O T I T
V F E O R A S G B P O Q G S D A
A V C L I D O G I P L J F O E N
L V K D S G L L N O R L A H F R
A I N O G E B O E P A S I T K A
F E S N A P D R A G O N R Q K C
T R E W O L F Y B A G C Y X T F
```

BEGONIA	BELL	BLOSSOM
BLUEBELL	BUTTERCUP	CARNATION
COLUMBINE	DAISY	DANDELION
FAIRY	FLOWER	GERANIUM
HIBISCUS	HYACINTH	IRIS
LAVENDER	LILIC	LILY
LOTUS	MARIGOLD	MORNINGGLORY
ORCHID	PETALS	POINSETTIA
POPPY	ROSE	SNAPDRAGON
TULIP		

Animals

```
N  S  L  G  D  D  L  I  Z  A  R  D  G  M  O  C
O  T  F  B  L  H  S  I  F  F  U  J  L  D  N  A
R  T  C  R  I  P  E  T  E  S  W  V  I  O  O  R
E  N  A  E  R  R  Z  G  L  H  J  B  V  G  R  N
D  F  A  C  S  W  D  A  I  I  P  W  I  M  Y  I
I  X  D  F  Q  N  M  S  N  P  M  B  N  A  G  V
P  V  Y  P  D  I  I  V  E  P  S  K  G  M  S  O
S  W  C  L  N  E  E  O  R  O  I  D  B  M  E  R
G  I  R  A  F  F  E  T  R  P  N  D  R  A  L  E
E  H  X  H  K  R  R  F  K  O  A  W  K  L  I  Y
N  T  N  A  H  P  E  L  E  T  G  H  M  S  T  N
I  E  A  G  L  E  Y  T  E  A  R  A  E  E  P  E
N  G  Y  A  F  B  Q  S  T  M  O  L  N  E  E  A
A  G  A  L  L  I  R  O  G  U  D  E  T  B  R  U
C  H  S  F  Z  O  O  N  M  S  B  D  D  L  D  B
R  R  O  D  H  E  R  U  T  A  E  R  C  Q  D  A
```

ANIMALS	BIRDS	BUTTERFLY
CANINE	CARNIVORE	CAT
CREATURE	DOG	EAGLE
ELEPHANT	FEED	FELINE
FISH	GIRAFFE	GORILLA
HIPPOPOTAMUS	HORSE	INSECT
LIVING	LIZARD	MAMMALS
ORGANISM	PET	REPTILES
SPIDER	WHALE	ZOO

Halloween

```
M Y O Z A R E T S N O M D O S N
E D N R E D I P S K Y M M U M H
M N O J A C K O L A N T E R N L
U A P P A R I T I O N A M O O N
G C S X S U P E R S T I T I O N
H R T K A F R A I D F A U N R G
O V G O B L I N G F P T O I M W
S S B T O B O R A U I D X K G J
T A E R T R O K C I R T X P R L
H P H A N T O M Y R A C S M A H
G D W N E E W O L L A H U U V O
O S I S H T P U S S E R D P E R
R K Q Q C O S T U M E Y E D Y R
Y U Z Z V A M P I R E R E P A O
E B B L S E I B M O Z W R B R R
B F S E V L O W E R E W S T D C
```

AFRAID	APPARITION	CANDY
COSTUME	DRESSUP	GHOST
GOBLIN	GORY	GRAVEYARD
GROTESQUE	HALLOWEEN	HORROR
JACKOLANTERN	MASK	MONSTER
MOON	MUMMY	PHANTOM
PUMPKIN	ROBOT	SCARY
SPIDER	SUPERSTITION	TRICKORTREAT
VAMPIRE	WEREWOLVES	ZOMBIE

Latin 102

```
D  J  R  E  I  C  A  F  W  O  A  H  O  D  V  K
D  I  E  M  K  A  R  M  M  U  E  N  N  K  L  R
A  C  P  E  Y  N  O  O  S  Q  F  O  O  P  T  X
P  O  M  T  F  O  W  D  S  S  W  N  B  E  H  M
I  R  E  C  S  S  O  U  R  U  B  G  O  R  S  E
L  S  S  E  V  R  P  S  I  T  W  R  A  C  C  T
U  T  Y  T  E  E  E  A  G  A  H  A  S  A  R  R
P  E  O  E  R  P  R  N  O  T  W  T  R  P  I  O
O  R  W  R  B  U  A  E  R  S  M  A  E  I  P  M
P  R  F  A  A  Q  N  O  M  W  U  A  V  T  T  T
R  A  M  T  T  R  D  P  O  B  R  E  M  A  U  S
V  F  S  P  I  O  I  B  R  V  O  M  M  I  M  O
T  I  M  E  M  M  D  U  T  I  U  O  I  C  R  P
V  R  D  D  J  A  K  S  I  C  Q  U  S  P  G  P
P  M  U  G  X  N  V  S  S  E  L  E  D  I  F  P
L  A  S  A  R  A  L  U  B  A  T  F  U  B  B  F
```

BONO	DIEM	ETCETERA
FACIE	FIDELES	MODUS
NONGRATA	OPERANDI	PERCAPITA
PERSONA	POPULI	POSTMORTEM
PRIMA	QUORUM	RIGORMORTIS
ROMANA	SCRIPTUM	SEMPER
STATUSQUO	SUBPOENA	TABULARASA
TERRAFIRMA	VERBATIM	VERSA
VICE		

NFL Football

```
Y  N  L  T  G  D  L  A  Z  U  V  W  M  R  F  W
T  V  O  A  N  C  K  R  N  P  Q  C  R  O  U  V
E  E  M  I  M  I  O  S  M  E  K  K  O  O  M  N
F  E  N  A  T  F  O  T  A  C  E  T  F  G  Y  S
A  X  E  O  F  P  E  P  A  M  B  R  I  E  D  F
S  T  G  E  Z  M  E  B  A  A  E  D  N  S  A  F
X  K  N  W  L  D  R  C  L  R  B  C  U  N  P  O
U  S  D  E  D  E  N  L  R  M  T  Z  A  E  P  Y
E  D  H  M  T  L  D  E  C  E  C  X  W  F  A  A
D  Y  A  R  D  S  T  N  Q  Q  T  O  E  E  S  L
N  L  A  O  G  N  R  W  T  W  M  N  A  D  S  P
K  U  H  S  U  P  E  R  B  O  W  L  I  C  Y  V
Q  G  F  P  S  D  A  P  R  E  D  L  U  O  H  S
E  L  E  V  E  N  O  F  I  R  S  T  D  O  W  N
N  W  O  D  H  C  U  O  T  T  I  M  E  O  U  T
A  R  A  B  C  L  A  O  G  D  L  E  I  F  G  O
```

COACH	DEFENSE	ELEVEN
ENDZONE	EXTRAPOINT	FACEMASK
FIELDGOAL	FIRSTDOWN	FOOTBALL
GAME	GOAL	HELMET
INTERCEPTION	OFFENSE	PASS
PLAYOFFS	PUNT	QUARTERBACK
RUN	SAFETY	SHOULDERPADS
SUPERBOWL	TEAM	TIMEOUT
TOUCHDOWN	UNIFORM	YARDS

Places

```
S T O R E T N E T I N D O O R S
X M O U N T A I N S O S X C W V
X D I F T E E R T S G D M I L S
B T E S O L C B E A C H T T C F
Y N J B T N E M T R A P A I I I
O O T E K R A M O C E A N E T E
Y R T N U O C V O Q W O O S T L
B C S F B H B L R N H I G C A D
O D R N A O U G D E U N E T P Y
E D I S T U O N O U I M E K A L
O N K A H S J U A D E N E W R W
U P G D R E U P L T E M L N K M
P R G J O L T I E M I L H K T R
A J Z X O H U R H J A O N W O T
U H E G M B Y D O H Z V N G P A
A V R E V I R U N O S I R P J S
```

APARTMENT	ATTIC	BATHROOM
BEACH	BUILDING	CEMETERY
CITIES	CLOSET	COUNTRY
FIELD	HALLWAY	HOUSE
INDOORS	LAKE	MARKET
MONUMENT	MOUNTAIN	NATION
OCEAN	OUTSIDE	PARK
PRISON	RIVER	STORE
STREET	TENT	TOWN

Candy

```
P  S  K  U  H  C  R  E  L  Z  Z  I  W  T  V  B
M  U  C  D  L  I  C  O  R  I  C  E  E  V  O  D
E  T  A  L  O  C  O  H  C  Q  E  G  D  U  F  K
S  B  H  S  K  I  T  T  L  E  S  G  U  M  B  G
K  X  I  W  T  V  M  I  L  K  Y  W  A  Y  P  R
C  R  E  E  C  E  S  H  T  U  R  Y  B  A  B  E
O  V  O  T  N  U  W  Y  E  H  S  R  E  H  A  H
R  S  E  T  N  I  M  R  E  P  P  E  P  J  G  C
P  W  U  S  K  I  T  K  A  T  Y  D  N  A  C  N
O  E  B  U  T  T  E  R  F  I  N  G  E  R  O  A
P  E  T  P  O  P  I  L  L  O  L  C  L  L  X  R
A  T  J  P  F  E  L  A  L  M  O  N  D  J  O  Y
L  S  T  C  N  F  B  Z  T  P  U  P  Y  X  L  L
C  A  R  A  M  E  L  V  M  O  U  N  D  S  L  L
L  I  F  E  S  A  V  E  R  S  T  O  D  Z  A  O
L  S  U  C  K  E  R  S  G  M  I  N  T  S  B  J
```

ALMONDJOY	BABYRUTH	BUTTERFINGER
CANDY	CARAMEL	CHOCOLATE
DOTS	DOVE	FUDGE
GUM	HERSHEY	JOLLYRANCHER
KITKAT	LICORICE	LIFESAVERS
LOLLIPOP	MILKYWAY	MINTS
MOUNDS	PEPPERMINT	POPROCKS
REECES	SKITTLES	SUCKER
SWEETS	TWIX	TWIZZLER

Bedroom

```
X  L  I  O  X  I  L  U  J  S  T  E  E  H  S  F
R  O  O  D  N  A  T  S  T  H  G  I  N  S  M  R
L  S  R  E  W  A  R  D  C  C  I  B  I  A  E  B
N  S  Q  K  W  N  C  E  R  O  J  E  I  T  T  N
G  E  T  R  U  U  X  O  Y  O  E  D  R  E  P  P
U  R  E  E  K  S  R  S  E  M  C  O  L  U  M  X
E  U  S  A  M  R  W  R  A  L  F  E  B  B  A  S
P  T  O  H  I  O  I  T  O  M  V  H  U  R  L  S
W  C  L  M  L  O  T  T  O  I  X  X  C  E  B  U
O  I  C  L  M  R  H  C  S  T  T  V  E  S  K  P
D  P  I  R  E  E  C  I  E  N  T  P  J  S  Q  V
N  P  A  S  S  A  O  M  B  L  A  N  K  E  T  J
I  H  S  M  R  N  L  B  O  Z  O  J  P  R  U  N
W  M  D  P  C  M  O  O  R  D  E  B  H  D  I  Y
A  T  E  V  U  D  V  E  B  O  R  D  R  A  W  L
J  T  U  J  B  M  E  Y  R  A  R  U  L  M  M  O
```

ARMOIRE	BED	BEDROOM
BLANKET	CARPET	CLOSET
CLOTHES	COMFORTER	DOOR
DRAWERS	DRESSER	DUVET
LAMP	LOVE	MATTRESS
MIRROR	NIGHTSTAND	PICTURES
PILLOWS	SHEETS	SLEEP
TELEVISION	WARDROBE	WINDOW

Plants

```
S U C C U L E N T S H W B R U L
D Z H E R B S O T V K B H W S Q
F M Y V T Y D N S F R W T E S U
Y A G R T G A Y M G O O B M A B
H L E S E L N A S S M D U U R T
S E T P P W L I U E D L U Z G Z
S O G T W F V P T I Q E F B P U
W H I N A I D S C T T E E L D O
O C R L X Y L U A J O O R S D O
R N F A E L N D C T L P T A T F
G A B U R H S Q F A O R I D D A
Z R Y P R O O T S L G O L W Q H
O B Y S R E W O L F O K I A U Z
B A S I L F J H J P S W Z T R U
G C X R O S E M A R Y O E E O R
O V F Z T N R E F M C Y R R I F
```

ALFALFA	ALOE	BAMBOO
BASIL	BRANCH	BUD
CACTUS	FERN	FERTILIZER
FLOWERS	GRASS	GROW
HAY	HERBS	LEAF
PLANTS	POTTING	ROOTS
ROSEMARY	SEEDS	SHRUB
SOIL	STEM	SUCCULENTS
TREES	WATER	WHEAT
WILDFLOWER		

Footwear

```
S  I  Z  G  R  B  U  S  K  C  O  S  U  Z  M  J
I  B  L  A  E  F  A  A  W  C  H  D  T  X  F  F
N  W  A  L  H  E  S  R  S  O  O  M  O  S  O  R
N  I  D  O  T  L  R  T  E  R  H  B  O  G  O  K
E  M  N  S  A  P  C  L  O  F  E  S  B  V  T  U
T  O  A  H  E  W  A  S  F  C  O  N  R  L  W  V
B  S  S  E  L  C  N  O  N  L  K  O  I  I  E  L
S  E  X  S  E  E  T  Z  E  I  Z  I  T  A  A  R
R  O  Z  S  A  M  O  C  C  A  S  I  N  Q  R  P
E  H  H  K  N  B  I  F  N  I  K  E  I  G  T  T
P  S  E  S  S  R  E  H  C  T  E  K  S  T  C  C
P  R  E  F  A  O  L  P  P  O  L  F  P  I  L  F
I  A  P  R  C  O  M  F  O  R  T  A  B  L  E  H
L  E  N  C  S  P  U  T  K  S  A  D  I  D  A  I
S  E  K  O  B  E  E  R  A  J  K  L  T  O  J  G
O  S  F  L  E  E  H  H  U  A  R  A  C  H  E  H
```

ADIDAS	BAREFOOT	BOOT
COBBLER	COMFORTABLE	FLIPFLOP
FOOTWEAR	GALOSHES	HEEL
HIGH	HUARACHE	LEATHER
LOAFER	MOCCASIN	NIKE
PAIR	REEBOK	SANDAL
SHOELACES	SHOES	SKETCHERS
SLIPPERS	SNEAKER	SOCKS
SOLE	STOCKING	TENNIS
TRAINERS		

Politics

```
H D V M P I O K P O L I T C A L
Q E Z C V E O N B C Y T R A P S
C U P H S W F C I C I L E F T S
O G Z A T T E O V I U N V K U E
E R G N L N H D T V P A I U N R
M A X G T E D G D I R S T D A G
A A M E R I C A I L E I A K C N
E S R U O C S I D R S T V C I O
T N E D N E P E D N I R R O L C
T N E S E R P E R W D A E L B L
G N I T O V A K N J E P S D U A
P G P L A R E D E F N N N I P R
O U L F O T G G K K T J O R E E
G N O I T U T I T S N O C G R B
L O Z R N O I S I V I D I Y K I
D T A R C O M E D F R E D A E L
```

AMERICA	ARGUE	CENTER
CHANGE	CIVIL	CONGRESS
CONSERVATIVE	CONSTITUTION	DEMOCRAT
DISCOURSE	DIVISION	FEDERAL
GOP	GRIDLOCK	INDEPENDENT
LEADER	LEFT	LIBERAL
PARTISAN	PARTY	POLITCAL
PRESIDENT	REPRESENT	REPUBLICAN
RIGHT	RIGHTS	VOTING

Streets

```
H I G H W A Y X Z Q E W R V V H
G H D N S A S A C O N C R E T E
X R M G C S L S W N A D R I V E
T O S I W C E T R E L H T W K Z
A A P S T O Z R U M E T H N L G
S D E P E B D E D P A R K I N G
P M E O P B R E S D R A F A F P
H D D T E L A T P U A F S M H E
A E L S L E V O E P O F U H R B
L V I E C S E T E A B I L U G E
T A M X R T L R D S X C S J E L
V P I E I O U F B S C O P O U I
R Q T N C N O C U O L G D I N G
O L B C Y E B J M C C A L L E H
O Q P B S W E E P E R E J V V T
X J Y P M A R - F F O N B Q A S
```

ADDRESS	ASPHALT	AVENUE
BOULEVARD	CALLE	CIRCLE
CLOSURE	COBBLESTONE	CONCRETE
DRIVE	FREEWAY	HIGHWAY
LANE	LIGHTS	MAIN
OFF-RAMP	PARKING	PASS
PAVED	ROAD	RUE
SPEEDBUMP	SPEEDLIMIT	STOPSIGN
STREET	SWEEPER	TRAFFIC

Desk Drawer

```
S L I C N E P K N U J G P B N L
N E I W Z E Z P E B Y I I G A H
I R R B I V L I S W D J I Q N P
O S C I J I J C E C N R U L E R
C M C Y W R Q T I A A T G U M P
S K C A T D W U R L C E A E Z D
H K L C R H F R E E R K F P L V
L T I K M S N E T N E N U S E R
M T G A K A T S T D P A V T P D
O R H J E L R L A A A N L A W S
N A T W Y F J K B R P A S P E P
E S E N S D A B E C T P U L S H
Y H R I O F S F I R M U B E H E
E U L G G T N Q R A U A K S A E
G K O Z U O E U T H C C I P V N
F H Z P R M P S S F R E S A R E
```

BATTERIES	CABLES	CALENDAR
CANDY	COINS	ERASER
FLASHDRIVE	GLUE	GUM
JUNK	KEYS	LIGHTER
MARKER	MONEY	NOTES
PAPER	PENCILS	PENS
PICTURES	RULER	STAMPS
STAPLES	TACKS	TAPE
TRASH	WIRES	

Bags

```
J D H A N D B A G M U M N C L C
O S M Y G N I P P O H S U C G A
F H C L U T C H M R B V E Y Y R
E O X F A S H Q Q R E P G C S R
G U A S S R S K I L F U A I L Y
A L F S G T S E C Q Y R G T E O
R D U A E A F U I A N S G S H N
O E F K T C B J I R P E A A C Z
T R C O A X G E P T T Y B L T I
S O T S Q F P Y L A C E N P A L
P E E A E K I K V D P A L N S X
S H K C O L P I Z R D E S I A O
M C B A C K P A C K D A R E O F
S E G A G G U L C S X Z S N P T
U S S P A R T S U N O I H S A F
B N O D U F F E L A U N D R Y V
```

BACKPACK	BAGGAGE	BRIEFCASE
CARRYON	CLUTCH	DUFFEL
FANNYPACK	FASHION	GYM
HANDBAG	IKEA	LAUNDRY
LUGGAGE	PAPER	PLASTIC
POCKETS	PURSE	SADDLEBAGS
SATCHEL	SHOPPING	SHOULDER
STORAGE	STRAPS	SUITCASE
TOILETRIES	TOTE	ZIPLOCK

Emojis

```
K A F M E N R M S U B I N I M H
O H O M E S A V M P O O D L E D
S C R O L L O M G N I N N I R G
P X S F A I D O E C G A N R O Q
C F R Y K V T X L C Z H X E W G
G O L N N E E T D G I O C K B N
N Q U X G A C S L I N L M A O I
I W M N L H G A I E V A O E A N
K P O T D R K O F R G I H P T W
R O O D H E B N G G N I D S J O
A H R O S U R A U U N U R E I R
P L T T U B M A T M E I S L R F
O L S N T L M B G H P M K J E S
O E E E G Z O U S E L I C N Q G
P B R B F I A C H U W O H X I Y
M O S S O L B V X T P V B C B W
```

BATH	BELLHOP	BENTO
BLOSSOM	CHIPMUNK	DIVIDERS
FROWNING	GRINNING	HANGLOOSE
HOMES	LITTLEGIRL	MINIBUS
PARKING	POLICEMAN	POODLE
POOP	RESTROOM	ROWBOAT
SCROLL	SPEAKER	SUNRISE
SYNAGOGUE	THUMBSDOWN	THUMBSUP
UNDERAGE	WINKINGFACE	

Television

```
A Y O E D I V D I B S T R O P S
D L W C N M J T I R M S L I A F
V L K O O D S A V O O W E R U L
C E S M I H I N A A V E N A D H
H T N E S L T T M D I N N T I C
I U U D I W C E A C E Z A X O M
I D R Y V I O N R A K Y H I F S
S L E J E N M N D S G W C L A I
T X R O L O Q A R T Z V L F T M
R P E G E I E E R N R A C T E U
E I K E T T R B C G V Q F E N L
A C N D O A Y Z C T O G N N R C
M T L M I T E L B A C R V K E A
I U E T E S H H P L L O P Y T S
N R G E N T E R T A I N M E N T
G E E Q Q K U Q W D X I I F I D
```

ANTENNAE AUDIO BROADCAST
CABLE CHANNEL COMEDY
DRAMA ENTERTAINMENT HDMI
INTERNET MOVIE NETFLIX
NEWS PICTURE PROGRAM
REMOTE RERUNS SIMULCAST
SITCOM SPORTS STATION
STREAMING TELEVISION TELLY
VIDEO

Numbers

```
T Z W L B K A Y R O X T Z T W O
W T T T I N N T R O A R T H X N
F H J L L E S E S M B I H R V M
O N Q Z V V Z N F T F L I E N W
U O E E U E S I G K I L R E I Y
R I S E V L G N H Y P I T E K T
Z L I E T E T C P U E O Y Z R N
T L T H I R T E E N N E T A E
U I V U B G U F S H K D K N X V
U B I Q N N H O F S I X R E L E
M I L L I O N T F I V E L E A S
J N I N E D N A S U O H T T D P
Q F I F T Y W R Z W R L X F C Y
B V E E L E W T M Y I P I Z J
P T S X J Y T N E W T V G F Q Q
Z H R U F O R T Y R Y G Z E N O
```

BILLION	EIGHT	ELEVEN
FIFTEEN	FIFTY	FIVE
FORTY	FOUR	FOURTEEN
HUNDRED	MILLION	NINE
NINETY	ONE	SEVEN
SEVENTY	SIX	TEN
THIRTEEN	THIRTY	THOUSAND
THREE	TRILLION	TWELVE
TWENTY	TWO	ZERO

Educated

```
H J C W L D B E U G A E L Y V I
H T R G G P T L E A R N E D U D
D H E R E S I D E N C Y H K B E
O G D U M B E E R G E D D D I T
C I E N S Q R I R W Q E J J Y A
T R N I N M S N W R H B D Y S C
O B T V Z M A T O S O A A M R U
R F I E B E P E I B R C E U E D
A R A R H T P L E O E H R L T E
T E L S N A B L R O T E L U S S
E V Q I E U S I U K E L L C A M
S I Q T P D M G D W L O E I M A
C E E Y K A A E I O P R W R F R
K W D B L R Q N T R M S K R Q T
K E Q E G G U T E M O L G U Q S
K D L A R E S E A R C H H C E D
```

BACHELORS	BOOKWORM	BRIGHT
COMPLETER	CREDENTIAL	CURRICULUM
DEGREE	DOCTORATE	EDUCATED
ERUDITE	GRADUATE	INTELLIGENT
IVYLEAGUE	LEARNED	MASTERS
PUBLISHED	RESEARCH	RESIDENCY
REVIEWED	SMART	UNIVERSITY
WELLREAD		

Ideas

```
V E V S G M Q E H T N E V N I F
S O P O S I T I V E T A C U D E
I B R A I N S T O R M V M I S S
B L E M G N I K N I H T A T X F
H N L P S T H G U O H T E I G T
B Z J S C R E A T I V E R K H C
Y H P O S O L I H P P W D F O R
L A O G L N R A E L I S T L O P
T W S B B L U B T H G I L R R R
R P L A N W D A E R G A G N H Y
W K G E N E R A T E B A C A Y Q
V E V I T A G E N O N D V B C P
P O L E V E D W R I T E D O W N
S S E M E H T A Z H E U Q V B O
I D E A S B T E R E N A T U R E
X M I N D E D J D E S U F N O C
```

BRAINSTORM	COLLABORATE	CONFUSED
CREATIVE	DEVELOP	DREAM
EDUCATE	GENERATE	GOAL
HAVE	IDEAS	INVENT
LEARN	LIGHTBULB	LIST
MIND	NATURE	NEGATIVE
ORGANIZED	PHILOSOPHY	PLAN
POSITIVE	READ	THEME
THINKING	THOUGHTS	WRITEDOWN

Jobs 2

```
S  H  K  Y  Q  R  E  T  N  U  H  R  M  T  C  T
A  Y  X  E  R  E  N  G  I  S  E  D  E  S  E  N
I  G  J  H  Q  V  R  E  R  E  T  A  C  I  R  A
L  I  R  E  P  P  I  H  S  R  O  W  H  N  E  T
O  E  R  A  M  M  X  A  O  T  C  A  I  L  L
R  N  E  S  R  I  O  N  T  T  S  J  N  H  B  U
G  I  N  S  E  L  S  N  S  A  I  V  I  C  B  S
R  S  I  I  K  L  T  W  I  N  T  T  C  A  O  N
E  T  O  S  A  W  H  T  P  E  R  M  W  M  C  O
N  H  J  T  T  R  A  R  A  S  A  R  W  S  O  C
I  E  O  A  R  I  R  M  R  E  L  E  V  A  R  T
A  R  R  N  E  G  L  S  E  C  R  E  T  A  R  Y
R  M  F  T  D  H  O  E  H  L  W  S  M  Q  Z  H
T  I  X  F  N  T  T  V  T  K  N  I  G  H  T  S
A  T  A  Q  U  J  S  E  T  A  D  I  D  N  A  C
W  U  C  I  D  E  M  A  R  A  P  P  A  V  E  R
```

ARTIST	ASSISTANT	CANDIDATE
CATERER	COBBLER	CONSULTANT
DESIGNER	HARLOT	HERMIT
HUNTER	HYGIENIST	JOINER
KNIGHT	MACHINIST	MECHANIC
MILLWRIGHT	PARAMEDIC	PAVER
SAILOR	SECRETARY	SENATOR
THERAPIST	TRAINER	TRANSLATOR
TRAVELER	UNDERTAKER	WORSHIPPER

Military

```
C G V R K L L O A I Y V M V Y C
I J N C E X A R T N C I P V R E
W E I I A O M I A N L I E D T V
T C F L T Y D P R I A T Q I N Z
C R S E F H M E T O E V I V A U
A O O N N O G A P R M L Y I F D
M F L O C O R I A L L E M S N E
P R D L F Y G N F A O A M I I R
A I I O R T P A R R R Y G O A O
I A E C G N P E T I A U M N Q M
G V R K Z A N Z N N A W V E V R
N F E S N E F E D R E U N N N A
P U W L G G S L D F Z P U D Z T
E N R O B R I A M F O R E I G N
H X U N M E Q W E A P O N E P A
X L N L P S T N A N E T U E I L
```

AIRBORNE	AIRFORCE	ARMORED
ARMY	CAMPAIGN	COLONEL
COMPANY	DEFENSE	DEPLOYMENT
DIVISION	FIGHTING	FOREIGN
GENERAL	GUARD	INFANTRY
LIEUTENANT	MARINES	MEMORIAL
MILITARY	NAVY	PENTAGON
SERGEANT	SOLDIER	VETERAN
WAR	WEAPON	

Meals

```
R E D W O H C M A L C K M P A Y
Z Y D T G E L L I U O T A T A R
R A V A L K A B Z P D A L A S W
L L I F R E N C H F R I E S W E
L A E M T A O B P U O S N O X T
I T T E H G A P S Y K I S P H S
F I S H S T I C K S P W O C A F
S R J F E T T U C C I N I T D E
P E V J U O B V L X I W U N U E
N G E H K E L A L O D R V J M B
O R L J P H E H N N K P I Z Z A
O U O X Q R O R A E Y S U S H I
D B Z I E T I S Y B U R R I T O
L M O C D N C H O W M E I N K L
E A P O G P A N C A K E S D H L
S H G S S N A E B C S O C A T X
```

BAKLAVA	BEANS	BEEFSTEW
BURRITO	CEREAL	CHOWMEIN
CLAMCHOWDER	FETTUCCINI	FISHSTICKS
FRENCHFRIES	HAMBURGER	HOTDOG
NOODLES	OATMEAL	ONIONRINGS
PANCAKES	PIZZA	POZOLE
RATATOUILLE	SALAD	SANDWICH
SOUP	SPAGHETTI	SUSHI
TACOS	TURKEY	

Dentist

```
B A P P O I N T M E N T U O I B
C L E M A N E S N I R O V S R F
B H V T Q H B P R L B L R A O C
A R A D G D I S A E A A C L L D
C T I I E F R N S T T E A E B M
I H O D R N A I N O S A A D O O
L T H O G C T E L I L N I U V F
A E M F T E D U Z L I F T N V T
I E E O I H P T R N N H Z W E M
T T O T H L B F G E G X R A Y R
R R J K I I L R T H S B W T V R
A V K P J B R I U E N E I G Y H
P U K C E H C X N S D K J B P D
R S R A L O M W G G H Q E G R G
Z E F I M P L A N T S D Y D L Y
P J N F R O N T K K D W N E H D
```

APPOINTMENT	BITE	BRACES
BRIDGE	CHAIR	CHECKUP
CLEANING	DENTAL	DENTURES
DRILL	ENAMEL	FILLINGS
FLOSS	FRONT	HYGIENE
IMPLANTS	MOLARS	MOUTH
PARTIAL	RETAINER	RINSE
ROOTCANAL	TEETH	TOOTHBRUSH
XRAY		

Vehicles

```
T B V A N P S N V K E J E Y B S
R E C H H M P H L B B U G G Y R
U L I Z X O A A R A C I N G T U
C C F M J V C D K X F F E R R Y
K I F T A I E R B Z I X E M A V
R H A A L N C A U A N R G O N H
N E R E O G R O S U S E A T S B
I V T P D F A B R T H N I O P I
A A T O N B F E O O U I R R O C
R I R I O C T T T M T L R C R Y
T R A P G C R A C O T N A Y T C
H P I D V P S K A B L A C C A L
S L L G T H Q S R I E E D L T E
H A E K F Z F T T L M C M E I E
I N R T A O B K V E D O L M O G
P E C C R Y V C F W L L C C N Y
```

AIRPLANE	AUTOMOBILE	BICYCLE
BOAT	BUGGY	BUS
CARRIAGE	FERRY	GONDOLA
MOTORCYCLE	MOVING	OCEANLINER
RACING	RAFT	SCOOTER
SHIP	SHUTTLE	SKATEBOARD
SPACECRAFT	TRACTOR	TRAFFIC
TRAILER	TRAIN	TRANSPORTATION
TRUCK	VAN	VEHICLE

Furniture

```
J  D  B  L  D  Y  F  U  R  N  I  T  U  R  E  Y
D  E  E  J  F  Y  M  N  X  Q  C  D  N  F  L  V
N  L  D  N  A  M  O  T  T  O  Z  U  S  D  O  M
A  B  F  H  P  T  Q  T  F  M  I  D  E  B  V  N
T  A  R  M  U  H  B  F  W  R  U  R  T  A  E  S
S  T  A  F  L  Q  E  U  E  P  K  E  T  R  S  H
T  L  M  B  Q  E  I  N  H  W  I  S  E  S  E  E
H  Y  E  W  T  D  I  O  S  M  X  S  E  T  A  L
G  O  N  A  A  L  L  F  D  T  G  E  G  O  T  V
I  L  B  R  C  S  U  M  P  J  E  R  Z  O  K  E
N  L  A  E  T  H  C  N  E  B  D  N  X  L  S  S
E  V  R  E  H  C  H  A  I  R  S  H  I  T  E  T
W  A  R  D  R  O  B  E  K  Z  W  A  C  B  D  U
Y  Y  J  C  O  U  N  T  E  R  F  V  F  U  A  A
M  G  B  C  H  A  N  D  E  L  I  E  R  O  O  C
V  G  W  A  N  E  R  I  O  M  R  A  P  D  S  C
```

ARMOIRE	BARSTOOL	BEDFRAME
BENCH	CABINETS	CHAIRS
CHANDELIER	COFFEETABLE	COUCH
COUNTER	DESK	DRESSER
FURNITURE	FUTON	LAMP
LOVESEAT	NIGHTSTAND	OTTOMAN
RECLINER	SETTEE	SHELVES
SOFA	TABLE	UPHOLSTERY
WARDROBE		

History

```
F  N  O  I  T  A  Z  I  L  I  V  I  C  D  H  H
W  C  N  R  E  T  G  J  N  T  Q  D  C  D  T  C
O  P  R  D  E  L  E  A  D  E  R  S  E  A  E  D
R  S  E  E  L  A  C  I  L  B  I  B  N  T  I  S
L  H  D  T  Y  I  D  O  P  A  I  J  T  E  T  E
D  H  O  A  R  G  G  R  O  W  R  G  U  W  N  L
B  U  M  E  U  H  E  N  A  E  P  O  R  U  E  T
A  M  M  P  Q  S  U  O  M  A  F  N  Y  G  W  T
B  A  R  E  S  N  O  I  T  A  N  R  S  T  T  A
A  N  P  R  P  O  P  U  L  A  R  A  P  K  O  B
L  H  F  S  D  R  O  C  E  R  N  E  T  A  T  B
G  O  V  E  R  N  M  E  N  T  L  L  Q  H  S  R
I  U  E  R  P  R  E  H  I  S  T  O  R  I  C  T
A  N  C  I  E  N  T  B  U  Y  R  O  T  S  I  H
S  K  O  O  B  H  T  N  E  E  T  E  N  I  N  P
S  T  N  E  V  E  M  T  R  A  D  I  T  I  O  N
```

AMERICAN	ANCIENT	BATTLES
BIBLICAL	BOOKS	CENTURY
CIVILIZATION	DATE	EUROPEAN
EVENTS	FAMOUS	GOVERNMENT
HISTORY	HUMAN	LEADERS
LEARN	MODERN	NATIONS
NINETEENTH	PAST	POPULAR
PREHISTORIC	READ	RECORD
REPEATED	TRADITION	TWENTIETH
WORLD		

Party

```
G C O R C V G N I G N I S C T L
I A S G A T A N I P J M H A E U
F K Y W N S E L B A T A G F M V
T E I J E I Z A E T I E N S U Y
S B P C D D C N V R L N I N T D
N N R K E T D N S J N T K O S W
O N E S X C P I A Z A E O O O Z
I G P O C Y R V N D M R O L C B
T N A N I R H E K G E T C L Y P
A I R V S E D R A X T A Y A A L
R N E Q U N J S F M A I V B D A
O E Y B M N X A T Z G N I Z H N
C P T V Q I I R B B S M R W T N
E O R B O D N Y R S A E C I R E
D A A N O I T A T I V N I A I R
R A P R E S E N T S W T D B B O
```

ANNIVERSARY	BALLOONS	BAND
BIRTHDAY	CAKE	CHAIRS
COOKING	COSTUME	DANCING
DECORATIONS	DINNER	ENTERTAINMENT
GIFTS	ICECREAM	INVITATION
MUSIC	NAMETAGS	OPENING
PARTY	PINATA	PLANNER
PREPARE	PRESENTS	SINGING
TABLES	WEDDING	

Family

```
G R D N Y A V B R O T H E R M P
E R E A Z N T H D F I P L U O A
N C E T T N O A U S Q C C Y T R
E G B T U C U I T S N A X R H T
A I W A S G J O N P B Z C A E N
L R O V H I R P N U N A A T R E
O L V T D Y S E V B E C N I C R
G S E N E G B F Y I R R Z D H W
Y R N G N U R I G O D O G E T Q
E L N E P H E W D L L Y N R A D
C S I O L Q P J Q O I B I E D A
E H U M S C Y I J G H V L H O F
I A A M A D N O J I C G B X P F
N X K G Q F L U B C T C I E T H
L C O U S I N D C A Q P S L E H
O F A T H E R N C L S A N D D E
```

ADOPTED	AUNT	BIOLOGICAL
BOY	BROTHER	CHILDREN
COUSIN	DAUGHTER	DNA
FAMILY	FATHER	GENEALOGY
GENES	GIRL	HEREDITARY
HISTORY	HUSBAND	MOTHER
NEPHEW	NIECE	PARTNER
REUNION	SIBLING	SISTER
SON	UNCLE	WIFE

School

```
T  Q  L  E  D  T  L  Y  D  U  T  S  F  Z  Z  Z
E  O  T  U  N  M  N  K  C  A  B  D  E  E  F  Y
A  I  S  L  A  I  B  E  A  S  C  A  M  P  U  S
C  K  E  N  D  P  L  Z  M  V  E  C  F  M  R  D
H  I  T  O  M  E  Q  N  R  N  S  D  J  C  R  I
E  N  R  N  I  C  X  D  O  C  G  Z  A  A  F  N
R  S  E  A  S  L  M  A  O  S  G  I  O  R  N  Y
A  T  T  O  S  A  S  R  M  L  K  B  S  O  G  A
S  R  A  F  I  S  E  H  E  I  K  S  I  S  S  L
C  U  U  F  O  S  E  S  D  L  N  T  E  S  A  E
H  C  D  I  N  R  S  S  A  L  A  A  E  D  O  A
O  T  A  C  P  O  Y  H  S  C  A  C  T  C  P  R
O  X  R  E  N  O  C  L  U  M  E  N  L  I  Q  N
L  S  G  M  J  M  X  D  H  R  E  F  I  U  O  I
M  I  S  T  A  K  E  S  N  A  X  N  I  F  X  N
S  E  T  A  M  S  S  A  L  C  W  Z  T  J  K  G
```

ADMISSION	ASSESSMENT	ASSIGNMENT
CAMPUS	CHALKBOARD	CLASSMATES
CLASSROOM	DESKS	EDUCATION
EXAMINATION	FEEDBACK	FINAL
GRADES	GRADUATE	INSTRUCT
LEARNING	LESSON	MISTAKES
OFFICE	ONLINE	QUIZ
RECESS	SCHOOL	SCORES
STUDY	TEACHER	TEST

Grammar

```
Y  R  A  L  U  B  A  C  O  V  D  B  L  L  P  A
J  Z  L  S  A  U  Z  Z  N  M  E  J  N  A  R  I
P  S  E  B  P  N  Z  G  U  I  T  Y  O  N  O  J
R  E  X  R  O  O  C  N  Y  Y  E  W  U  O  N  L
O  L  I  E  S  S  O  O  O  Q  R  Q  N  I  O  M
G  C  C  V  S  R  N  W  M  O  M  X  S  T  U  E
R  I  O  C  E  E  J  T  O  R  I  A  P  I  N  C
E  T  N  R  S  P  U  C  R  E  N  D  E  D  C  H
S  R  V  A  S  N  N  E  P  F  E  J  L  N  E  A
S  A  C  L  I  P  C  J  H  L  R  E  L  O  R  N
I  W  G  U  V  R  T  B  O  E  S  C  I  C  A  I
V  P  O  G  E  E  I  U  L  X  P  T  N  L  M  C
E  J  L  N  S  S  O  S  O  I  Y  I  G  B  M  S
O  I  O  I  E  E  N  V  G  V  G  V  B  A  A  U
L  E  E  S  J  N  S  N  Y  E  W  E  N  B  R  J
S  T  R  U  C  T  U  R  E  E  C  S  W  P  G  U
```

ADJECTIVES	ARTICLES	CONDITIONAL
CONJUNCTIONS	DETERMINER	GRAMMAR
LEXICON	MECHANICS	MORPHOLOGY
NOUNS	PERSON	POSSESSIVES
PRESENT	PROGRESSIVE	PRONOUNCE
REFLEXIVE	SINGULAR	SPELLING
STRUCTURE	SUBJECT	VERBS
VOCABULARY		

Jewelry

```
A N N I V E R S A R Y G U K P G
N V I E G O L D R E U A C D Y T
H M D Y B U R E K O H C E X V E
T J A E C U F F L I N K S J A H
T S Y H T E M A E A R R I N G S
R D P I E R C I N G W T O G Z Q
E K D J R W K F L J T B U M N K
V D F E I Y Q V S I L E Q I S J
L L S W N J R T F U C O R D P P
I A X E G Y O F X A L B U T E E
S R N L C R A U L K E V T P A N
E E H R E N R K W A T C H D R D
S M V Y Y C H A I N Y Q X L A
A E C E T E D I A M O N D T B N
C D B L N W E D D I N G L G K T
M K V Z E B R A C E L E T F Q S
```

AMETHYST	ANNIVERSARY	BRACELET
CASE	CHAIN	CHOKER
CUFFLINKS	DIAMOND	EARRINGS
EMERALD	GOLD	JEWELRY
LUXURY	NECKLACE	PEARL
PENDANT	PIERCING	RING
RUBY	SILVER	STORE
TIFFANY	TURQUOISE	WATCH
WEDDING		

Song

```
C Z Y R H Y M E O S P V L U S Z
M D G T E I G U G M J Z S O O A
J R N N R H Y T H M V H Q B N X
F X S E U G A H Y D O L E M G K
U R U T T A J N G N I G N I S E
D B R S C T O N T A B H H E N Y
N C O I U M O E P L A Y A U Z B
I T H L R I W V S Z C E T V O H
S A C A T Z Q U C M K G V C S I
L E H A S N C U I B G D V J D D
R B T S I T R A R H R I E G R P
E O P M E T H N Y C O R R T O O
N A P R D M M K L V U B S F H F
I D E W S L A C O V N I E G C U
M E S O P M O C D S D J X R A J
U S U T I T L E L A C I S U M L
```

ARTIST   BACKGROUND   BEAT
BRIDGE   CHORDS   CHORUS
COMPOSE   HARMONY   KEY
LISTEN   LYRICS   MELODY
MUSICAL   NOTATION   PLAY
RHYME   RHYTHM   SINGING
SONG   STRUCTURE   TEMPO
TITLE   TUNE   VERSE
VOCALS

Colors Colors

```
U G N G I K A H K C D Z Q X U R
C B B R O W N T S A S R O L O C
T K Q N O J K O R Y E B Y K C F
W C N C J S Z K S S E T L I R I
E U G I U J G W S M G L I A S H
U C R N P R L M N A I Q L H C I
L Y E Q E G E O Z I L R R O W K
B A E E O T S I A H V M C B W G
Y R N R A V I Y I N R O O P X F
V G L L T U L Z S S O E F N T V
A Q L A N T V D H H R O D A N P
N I C D E O E Y C K A H R B K J
C Y Z B G T R N U L N U L A K S
Y Q Y K A J X S F U G U P L M A
E V U A M G V Q I D E Q N I K T
C F T E L P R U P Z T U A K N B
```

BLACK	BLUE	BROWN
COLORS	CRIMSON	DARKGREEN
FUCHSIA	GRAY	GREEN
KHAKI	MAGENTA	MAROON
MAUVE	METALLIC	NAVYBLUE
ORANGE	PINK	PURPLE
RED	SALMON	SILVER
TEAL	WHITE	YELLOW

Cars

```
J  G  E  X  U  D  O  O  H  P  D  H  W  J  G  N
J  D  G  N  I  R  E  E  T  S  R  C  K  Q  A  P
E  S  L  H  H  D  C  Z  I  R  A  T  L  D  K  G
O  N  E  E  D  Y  E  A  I  X  O  U  E  D  N  N
G  O  G  K  I  S  B  E  R  E  B  S  S  W  U  I
M  W  H  I  C  H  E  R  P  S  H  O  E  E  R  K
I  F  E  O  N  A  S  G  I  S  S  D  I  E  T  R
N  O  A  C  F  E  B  D  G  D  A  F  D  Q  T  A
I  U  D  X  W  G  W  H  N  N  D  Z  U  U  D  P
V  R  L  I  H  Q  H  X  C  I  I  X  L  E  K  S
A  D  I  Y  E  S  E  R  I  T  W  V  C  E  L  K
N  O  G  R  E  G  I  S  T  R  A  T  I  O  N  C
T  O  H  Y  L  U  U  Z  S  U  Z  H  D  R  D  U
S  R  T  L  O  I  L  C  H  A  N  G  E  S  D  R
X  Y  S  P  O  R  T  S  C  A  R  T  U  Y  R  T
Y  E  S  N  E  C  I  L  T  K  K  V  B  Z  D  S
```

CARS	DASHBOARD	DIESEL
DRIVING	ENGINE	FOURDOOR
FUEL	HATCHBACK	HEADLIGHTS
HOOD	HYBRID	LICENSE
MINIVAN	OILCHANGE	PARKING
REGISTRATION	SEDAN	SPEED
SPORTSCAR	STEERING	SUV
TIRES	TRUCKS	TRUNK
WHEEL	WINDSHIELD	

Crazy

```
N P N D D A O H C Y S P O M V Z
R R Z R U E M D X F I S O U M R
G C I T Y M D P E E N A S N I Y
A E L T W O B T U S Z N M L B K
W K U N Y D K D S I O A L H Z C
I Y J E D Y T T U N T N N K T A
L Z G T Y E U Z Z M X A G Y X W
D C E E Z N T K Z D B B Y A S V
U I Q P A M W A T E R B R A I N
Q T C M R T J T C W M O M L P D
S A O O C T S U J I X E P X N R
I N O C S E D A T E D B N O T B
L U C N B O N K E R S E Y T U Z
L L O I M S T R A N G E M C A T
Y A O I Z B N S P E C I A L V L
F Q P C O U T O F C O N T R O L
```

BANANAS	BONKERS	COOCOO
CRAZY	DIAGNOSED	DROPOUT
DUMBDUMB	INCOMPETENT	INSANE
LUNATIC	MEDICATED	MENTAL
NUTS	NUTTY	OUTOFCONTROL
PSYCHO	SEDATED	SILLY
SPECIAL	STRANGE	WACKY
WATERBRAIN	WEIRD	WILD
ZANY		

Career

```
D E G R E E E D U C A T I O N D
R E T T E L R E V O C N Q E E F
E G W R D E T B W W J O E M T E
D N O P E G C O Y D P I A U W Y
L I C R R N H N B I M S R S O L
I R C O I I C B E S C N N E R I
U I U F F N R L H I E E I R K C
B H P E U I A U S L R P N H I E
B V A S L A E E L B T E G I N N
L U T S L R S C J E I Z P Y G S
I S I I T T C O O N F I A X K E
V A O O I J H L B E I V P L E F
I L N N M H U L S F C W S R S V
N A I N E D A A N I A H G I U D
G R E E R A C R O T T W A G E S
F Y K T D C O U N S E L I N G H
```

BENEFITS	BLUECOLLAR	BUILDER
CAREER	CERTIFICATE	COUNSELING
COVERLETTER	DEGREE	EARNING
EDUCATION	EXPERIENCE	FIRED
FULLTIME	HIRING	JOBS
LICENSE	LIVING	NETWORKING
OCCUPATION	PENSION	PROFESSION
RESUME	SALARY	SEARCH
TRAINING	WAGES	

Books

```
G P U B L I S H E R K O O B J R
N S B U A H P A R G A R A P S B
I E S P V U J X E N I Z A G A M
N G B O O K M A R K O X R E U A
R A J A M A Z O N E N E C A W A
U P T C L A S S I C L N C Y R U
T G N I D N I B O L A L E X I T
Y R X H Q X E C E M Y N R Q T H
L E A R N T I S O I Q V U X E O
I I L L U S T R A T I O N T R R
B C L I R S E F B E T R E V O C
R D Q Q E A L S P A M P H L E T
A F F B D E M P T C L L E V O N
R L O I H I N I Y G O L I R T K
Y T N S M E O L R S P A C I N G
O G T D Z N S E L T I T L S Q Y
```

AMAZON	AUTHOR	BESTSELLER
BINDING	BOOK	BOOKMARK
CLASSIC	COVER	FONT
ILLUSTRATION	LEARN	LIBRARY
MAGAZINE	NOVEL	PAGES
PAMPHLET	PARAGRAPH	PUBLISHER
QUOTATION	READING	ROMANCE
SHELF	SPACING	TITLE
TRILOGY	TURNING	WRITER

Happy

```
P Y H N O I T A C A V T J P C R
S J G O F T G Q V W Q P I D E E
I B S I A G N I P P O H S L R L
G E L N M P U E H Z S Q A K E A
G V U A I C L G T D Y T N O T X
N I F P L A K F N N I P H N H A
I T R M Y Z M E H O O O N O G T
G I E O J O I A N W P C E I U I
G S E C K R P S I S L S R T A O
U O H D F P H K N Q E O D C L N
H P C L I I Y F O G A C L E I F
M E T N P S O I T N S I I F X N
D F E S I Z J U O I U A H F M S
X S M I L I N G R V R L C A Q K
S B C Y R R E M E I E L L L A K
P L A Y F U L I S L Y N N U F Q
```

AFFECTION	CHEERFUL	CHILDREN
COMPANION	CONTENT	ENJOY
FAMILY	FRIENDSHIP	FUNNY
HAPPINESS	HUGGING	LAUGHTER
LIVING	MERRY	PLAYFUL
PLEASURE	POSITIVE	PROZAC
RELATIONSHIPS	RELAXATION	SEROTONIN
SHOPPING	SMILING	SOCIAL
VACATION		

Music Words

```
V O C A O B L I S T E N Q S E E
Y S R E E E V I O L I N L J A T
B L F S G Y V T R D E K Y U G U
J R W N O T E S D M P V Q O G L
W M U S I C P O P U L A R R E F
M E S O U N D T R A C K M C R B
S O N G S J A E C N A D J H O E
M A R I A C H I D B Z Y A E C N
S B K Y S Y M P H O N Y Z S K O
G N P P H B S M U R D H Z T P B
U U E N O H P O X A S A B R X M
P H I N L A C I S S A L C A F O
B Y Y T N Y T O L G L M A M B R
F D A O A B V L Y R I C S N C T
I V L Y Y R O T F O N A I P T T
I N P U A B B L K T R U M P E T
```

CLASSICAL	DANCE	DRUMS
FLUTE	GUITAR	JAZZ
LISTEN	LYRICS	MARIACHI
MUSIC	NOTES	ORCHESTRA
PIANO	PLAY	POPULAR
REGGAE	ROCK	SAXOPHONE
SONGS	SOUNDTRACK	SYMPHONY
TROMBONE	TRUMPET	VIOLIN

Fast

```
V E L O C I T Y O K L N A M O I
A Q T M N L B I K E U F I R B H
J U N L I E I D L H R N G R E E
O I B J V S A G A M U M I X A M
N C H S M S S T H T C A R S P G
Y K S K H Q E I E T O L S W N O
M J H M W E X S L T U K P Y R I
K C O Y H C Q I S E N J E T R N
H X O C P F N S O K T I E S T G
S R T L E E E K R C D A D P A C
A H A K Q C R U R O O R Z R T W
L E T B O F N K A R W J J I E R
F P M N B N G Q P P N E R N L E
O E D I I I C M I K B V F T L C
K S B N T S T Z D D G H W Q U A
S Q G G M E B H U R R Y U D B R
```

BIKE	BULLET	CARS
CHEETAH	COUNTDOWN	DASH
FLASH	GOING	HURRY
HYPER	JET	LIGHT
MAXIMUM	MINUTES	MISSILE
QUICK	RABBIT	RACER
RAPID	ROCKET	RUNNING
SECONDS	SHOOT	SPEED
SPRINT	TIME	VELOCITY

Toys

```
V G N I Y A L P A A N I M A L X
I S E R U G I F Z Y X W J V Y I
D D T O Z D M I L S C V K H G M
E M O U E I J O E N A L P R I A
O A Y L J N P E G T M S B S I K
J T S B L O S L A W A B W H U E
I T Y H N S O B M N T P Z A I B
G E R O J A L I E A C R H S N E
U L M B O U D T S N H E A B S L
R T S B Q R I C T T B T B R T I
Z Y K I S S E E R I O E E O R E
W M C E S R R L O Q X N R O U V
B K O S Z Y S L P U S D G P M E
S E L Z Z U P O S E A Z U Q E G
L R B S R A C C S O G E L P N Z
S B B A R B I E R O T S Y O T G
```

AIRPLANE
BARBIE
COLLECTIBLE
FIGURES
HASBRO
LEGOS
MATTEL
PRETEND
SPORTS
VIDEO

ANIMAL
BLOCKS
DINOSAURS
GAMES
HOBBIES
MAKEBELIEVE
MONOPOLY
PUZZLES
TOYS

ANTIQUE
CARS
DOLLS
GIJOE
INSTRUMENT
MATCHBOX
PLAYING
SOLDIER
TOYSTORE

Math

```
N E G A T I V E T W E M U S L G
Y N K R U G R J C A R B E G L A
S O D I C T M M A O C S R X T L
U I E T G X A V R U H R O K N U
L T C H Q P T X A D E T C E M
U A I M P U H I B D B B A A I R
C U M E Q T E M U D W M L N T O
L Q A T H I M S S A Q U U O O F
A E L I L I A P T U O N C I U E
C N S C N V T J S I L L L S Q V
G U M U L T I P L Y O P A I L I
N M S P E R C E N T Q N C V V T
N E A A J G S R E W S N A I H I
K R I P F R A C T I O N S D F S
J A G R A P H V A R I A B L E O
E L P G E O M E T R Y S R C H P
```

ADD	ALGEBRA	ANSWER
ARITHMETIC	CALCULATOR	CALCULUS
DECIMALS	DIVISION	EQUATION
FORMULA	FRACTIONS	GEOMETRY
GRAPH	MATHEMATICS	MINUS
MULTIPLY	NEGATIVE	NUMBERS
NUMERAL	PERCENT	PLUS
POSITIVE	QUESTION	QUOTIENT
SUBTRACT	SUM	VARIABLE

Body

```
F  Y  P  G  I  D  K  M  I  E  T  S  B  M  I  L
C  H  Y  H  N  O  T  E  L  E  K  S  G  K  T  M
O  E  Q  H  Y  T  J  S  S  T  V  F  L  C  Q  Y
R  H  Z  D  P  S  H  J  R  Y  A  S  G  E  L  T
P  P  H  A  A  X  I  B  K  E  B  Y  X  N  S  P
S  O  G  E  R  R  Y  C  Z  C  D  J  G  E  R  N
E  F  J  H  E  Y  N  H  A  O  O  L  H  X  H  I
Y  Y  C  H  H  M  A  R  B  L  M  C  U  N  R  K
U  R  H  L  T  O  M  I  S  W  I  G  P  O  R  S
D  U  E  F  N  T  U  W  S  T  N  I  O  J  H  O
K  J  A  Q  I  A  H  Q  E  T  A  B  O  N  E  S
S  N  L  H  I  N  G  S  H  G  L  X  N  N  C  R
D  I  T  L  C  A  G  G  C  X  B  V  R  R  T  O
N  W  H  R  W  A  B  E  A  S  W  O  B  L  E  T
A  K  Y  T  E  Y  Z  Z  R  N  E  K  O  R  B  Y
H  T  L  A  R  M  S  D  W  S  P  P  A  I  N  W
```

ABDOMINAL	ACHES	ANATOMY
ARMS	BODY	BONES
BROKEN	CHEST	CORPSE
ELBOWS	FINGERS	HANDS
HEAD	HEALTHY	HUMAN
INJURY	JOINTS	LEGS
LIMBS	NECK	PAIN
PHYSICAL	SHOULDERS	SKELETON
SKIN	THERAPY	TORSO

Trees

```
H D X P D O O W D E R E E P E O
A I C A C A E M T I O N C K L P
W I L L O W A L N U T I U I T U
G Y A Z N O X Q Y A N P R R R M
A R Y W W O N C N F D T P H Y A
I R R I F S A L G U O D S N M P
L E S E L P P A M B Q O F E M L
O H H S A D G I N K O E M E H E
N C O T T O N W O O D O C R Y C
G K C O L M E H P N A D H G F J
A I O U Q E S E H K U W I R E M
M J R I O L W H C R I B C E E D
Z T M A H O G A N Y Q N K V R F
J R X J T B X Q G I X P O E T G
P A L M X O B A O B A B R O T Z
E U C A L Y P T U S X K Y C I Q
```

ACACIA	APPLE	ASH
BAOBAB	BIRCH	CHERRY
CHESTNUT	COTTONWOOD	DOUGLASFIR
EUCALYPTUS	EVERGREEN	GINKO
HEMLOCK	HICKORY	MAGNOLIA
MAHOGANY	MAPLE	MYRTLE
OAK	PALM	PINE
REDWOOD	SEQUOIA	SPRUCE
TREE	WALNUT	WILLOW

Jobs Stuff

```
M N R K R E K R E I H S A C C X
A Y E I E R T E K R N L C Y G G
N B B A M B L T M E F A E K J R
A A R L M Y O E A C K G O O F T
G R A A A R C K C E E E E O H N
E C B W R A K R H P N L L C W E
R H E Y G T S A I T A A E A A D
A I A E O E M M N I I R C T I I
X T U R R R I E I O C A T T T S
T E T T P C T L S N I P R O E E
S C I P V E H E T I S N I R R R
I T C V B S W T Q S Y W C N C P
T P I R E H C A E T H S I E S Q
N M A I L M A N H G P Q A Y V H
E A N E N G I N E E R S N B Y R
D X D O C T O R M T S I L Y T S
```

ARCHITECT	ATTORNEY	BARBER
BEAUTICIAN	CASHIER	CEO
COOK	DENTIST	DOCTOR
ELECTRICIAN	ENGINEER	LAWYER
LOCKSMITH	MACHINIST	MAILMAN
MANAGER	PARALEGAL	PHYSICIAN
PRESIDENT	PROGRAMMER	RECEPTIONIST
SECRETARY	STYLIST	TEACHER
TELEMARKETER	WAITER	

Hair

```
O N L G N O L I A T Y N O P S D
N X I L T U C L S T R A I G H T
D S T H G I L H G I H J E M J X
L E C B L E A C H F Y H L R H H
H D N V H J T P L U C K Y E A X
S Y K N W A M U I R O N T N I A
A H Z B Q F I E S C I S S O R S
W C Y A R P S R I A H T N I N N
B N E V I H E E B U Z V N T E E
O U F Y P A S Y C L S H H I T S
B R T M M Z R R U I P S L D T H
D C R W C O E D R S I U I N P A
S S O V D R L W L Z L R M O V M
P N H U N F L O S K C B W C E P
V G S U D A O L G J A V G L Z O
J K B M L Z R B B K N O L A S O
```

AFRO	BEEHIVE	BLEACH
BLOWDRYER	BOB	BRUSH
BUN	CLIPS	CONDITIONER
CURLS	CUT	HAIR
HAIRNET	HAIRSPRAY	HIGHLIGHTS
IRON	LONG	PLUCK
PONYTAIL	ROLLERS	SALON
SCISSORS	SCRUNCHY	SHAMPOO
SHORT	STRAIGHT	STYLE
TINT	WASH	

Fruit

```
A P R I C O T V D A T E S X Q C
P O K N L R A P L A N T A I N C
U P I N E A P P L E R W C P L X
A M B N M N P V B A N A N A S N
W U H E O G L G W P O G N A M U
D L S C N E E B E G N X W E P C
U P E T Y S E A Q O F E E O A Z
R O I A F R C S L I D H M N G R
I U R R R H Q E G Y C E T R C A
A W R I H N M C E Y G E A M R S
N X E N J R O N L R L P U A G P
M S H E E C O F A O E W Q Y U B
H W C T O H N N P S W Q M A A E
T X A N Z X A E A V M G U P V R
V W U E H T S D U C X I K A A R
P T C Y E D P E A R R I Q P B Y
```

APPLE	APRICOT	BANANAS
CANTELOPE	CHERRIES	COCONUT
DATES	DURIAN	FIG
GRAPES	GUAVA	HONEYDEW
KUMQUAT	LEMON	LYCHEE
MANGO	NECTARINE	ORANGES
PAPAYA	PEACH	PEAR
PINEAPPLE	PLANTAIN	PLUM
POMEGRANATE	RASPBERRY	STRAWBERRIES
WATERMELON		

Funny

```
G G S J U C I Y R O T S C Z H X
V O R P M I N S W L R A M R A H
N U B L H S F C I G O H W E M W
O R Z S I E U M H F N C Q G U B
Y J E A B G E O T U S T B N S E
N U P N H R H I I E C E V I I J
H X M G I A K T P R X K P Z N M
Y V U C E L H O H U A S L U G T
W A K K Z N E M S E D L O E U A
L V P L A Y I N G U A N I S G O
M O C T I S W A O F O R A H N J
F P U N C H L I N E Q R T T O O
R Y N N U F D B Q A C Y O E S K
Y K P A R O D Y B A Q K J M D E
Y D E M O C S T S C R A C K U P
K I R O N Y Q M O Z S G F R M H
```

AMUSING	CHUCKLE	COMEDY
CRACKUP	FUNNY	HAHA
HILARIOUS	HUMOROUS	IMPROV
IRONY	JOKE	LAUGH
LIGHTHEARTED	LIMERICK	ONELINER
PARODY	PLAYING	PUN
PUNCHLINE	SARCASM	SITCOM
SKETCH	SNORT	SONG
STANDUP	STORY	ZINGER

Doctor

```
X F P I A Y R O T S I H O O T K
C S I R N O F F I C E W G H N N
I Z O O E S E N I C I D E M E M
N S H S R S U U R Q E Z A C M D
I N O U A S C R D O C T O R T R
L O S R C O P R A D S U N V N A
C I P G H E P E I N Z Z K S I C
U T I E T F M E C P C V H U O X
N S T O L U L E R I T E T W P V
O E A N A A O A R A A I U W P M
I U L A E G U N R G T L O W A N
N Q W H H X S E J R E I I N S U
I J F D R U G S S W E N O S V R
P S N G I S L A T I V F C N T S
O N L A C I S Y H P H A E Y F E
S X T R E A T M E N T N N R V G
```

APPOINTMENT	CARD	CLINIC
DOCTOR	DRUGS	EMERGENCY
HEALTHCARE	HISTORY	HOSPITAL
INSURANCE	MEDICINE	NURSE
OFFICE	OPERATION	OPINION
PHYSICAL	PRESCRIPTION	QUESTIONS
REFERRAL	SPECIALIST	SURGEON
TREATMENT	VITALSIGNS	

Sky

```
G I D R O C K E T Z G I M E X H
E L C U K I G A W D S Q L D E H
N M O Y A N O X G A B G U L Q R
O F K J I L A F I I D S I X Y L
R S S Z F E H Z R A K C T X E G
D J A J T E D D W B O D T P U M
T G H I A C S N D P L D U O L C
G R H V W I E G T X S I I A B F
O W E O G E R E H P S O M T A P
R N F H N S R P F O G G Y P E S
S U N R I S E J L Z N F W K G U
N L Y Z V K O O L A B O V E H N
U J W O I X P M O O N H L S Y S
S K R D D F Y A Y J Q E F A G E
T N X V S T A R S C R A P E R T
O Z P C E T X M F G N I Y L F V
```

ABOVE	AIRPLANE	ATMOSPHERE
BIRDS	BLIMP	BLUE
CLOUD	DAWN	DIVING
DRONE	DUSK	FLOAT
FLYING	FOGGY	GAZING
HEAVENS	HELICOPTER	LOOK
MOON	ROCKET	SCRAPER
SKY	STARS	SUN
SUNRISE	SUNSET	WHITE

149

Fall

```
L H C O L O R S R S A B G E F Y
O B O R A Z T O E F P X G M O E
C C L Y E A X V R H A N M Y O L
T H D P G B A A B A A L Z G T L
O I E U N E M A Y H N O L N B O
B L R M L O N E C D C G T I A W
E L F P Y R H H V W N G E N L I
R Y K K A E P P U O S I G N L E
A R B I S H O P P I N G W I H K
P A F N O T X V X X O L P G A N
P K Q Z E A O X T R E T A E W S
L E E K F E N S O S T O O B Q Q
E R C G M W I S P T S E V R A H
S A S S E L U E C A L P E R I F
J N W O R B Q N M U T U A B R I
A F F S U T E Y S B Z C O Y M N
```

APPLES	AUTUMN	BEGINNING
BOOTS	BROWN	CHANGE
CHILLY	COLDER	COLORS
COZY	EQUINOX	FALL
FIREPLACE	FOOTBALL	HARVEST
JACKET	LEAVES	NOVEMBER
OCTOBER	ORANGE	PUMPKIN
RAKE	SHOPPING	SOUP
SWEATER	WEATHER	WINDY
YELLOW		

WW II

```
R D L R O W N B A T T L E F L Y
G Y M R A P M C H U R C H I L L
N O R S S D N Y U B H H Y L W X
I O E W I T A G E L F R D A P S
T W T G Z L M E H I Z F L S D N
H K A M A E U R E T S E C O N D
G A E A N V R M Z Z J E A F V E
I T H C T E T A A K A J H R I W
F L T A F S Y N K R N C A S N A
E A A R A O L Y I I S A E P F R
J N N T R O A I M E X N V X A Y
P T K H C R T W A G H F T Y N N
A I N U R T I R K O I S O X T B
P C M R I A I U W V I C T O R Y
U I I R A N R E B M O B K Y Y Q
R E L T I H R G W P A C I F I C
```

AIRCRAFT	ARMY	ATLANTIC
BATTLE	BLITZKRIEG	BOMBER
CHURCHILL	DDAY	EISENHOWER
FIGHTING	GERMANY	HITLER
INFANTRY	ITALY	JAPAN
KAMIKAZE	MACARTHUR	NAVY
NAZIS	PACIFIC	ROOSEVELT
SECOND	TANK	THEATER
TRUMAN	VICTORY	WAR
WORLD		

Actors

```
Z V D A S V C C S T R E E P P M
F O I N N I O L A F F U R U K E
Y N F B A O W E B C H A P L I N
K I A E N M T E A B S B T F R I
O T R M S E R G L S L B A O Z A
R S J H G I W O N Y T C Y N B C
I U N Z J R U M D I A W L D R N
N N L Y U K E R A C H D O A A X
E B H E P T S B C N M S R O N O
D A O R D E H A V I L L A N D B
N L P R T H A C K M A N G W O C
A D K A A U B Q S K N A H L R O
M W I C N O S L O H C I N V M O
F I N N C A N T I N F L A S N P
O N S I U G I M R E T S O F J E
H E P B U R N S I V A D K O X R
```

BALDWIN	BERGMAN	BRANDO
CAINE	CANTINFLAS	CARREY
CHAPLIN	COOPER	CRUISE
DAVIS	DAYLEWIS	DEHAVILLAND
DENIRO	EASTWOOD	FONDA
FOSTER	HACKMAN	HANKS
HEPBURN	HOFMAN	HOPKINS
MCDORMAND	NEWMAN	NICHOLSON
RUFFALO	STREEP	TAYLOR
USTINOV	WASHINGTON	

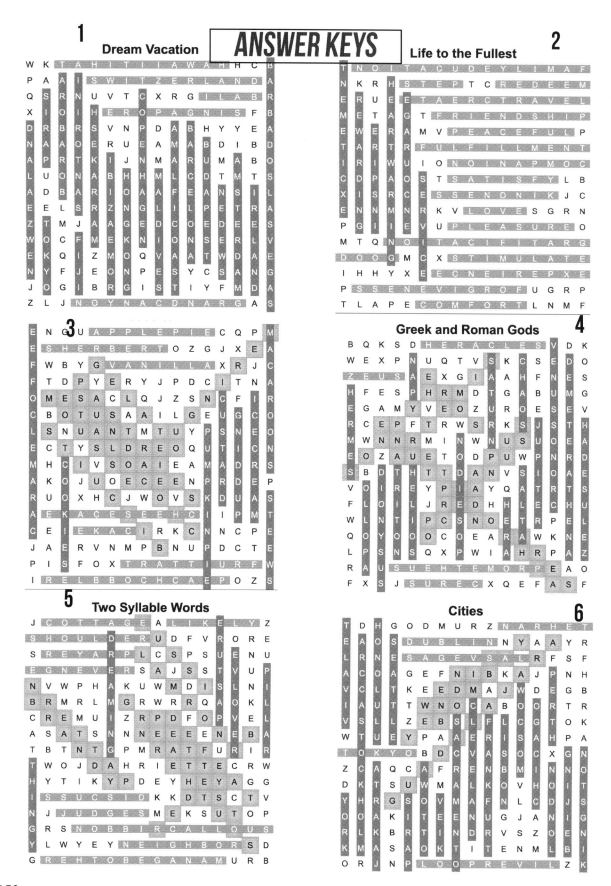

ANSWER KEYS

1 Dream Vacation

2 Life to the Fullest

3

Greek and Roman Gods 4

5 Two Syllable Words

Cities 6

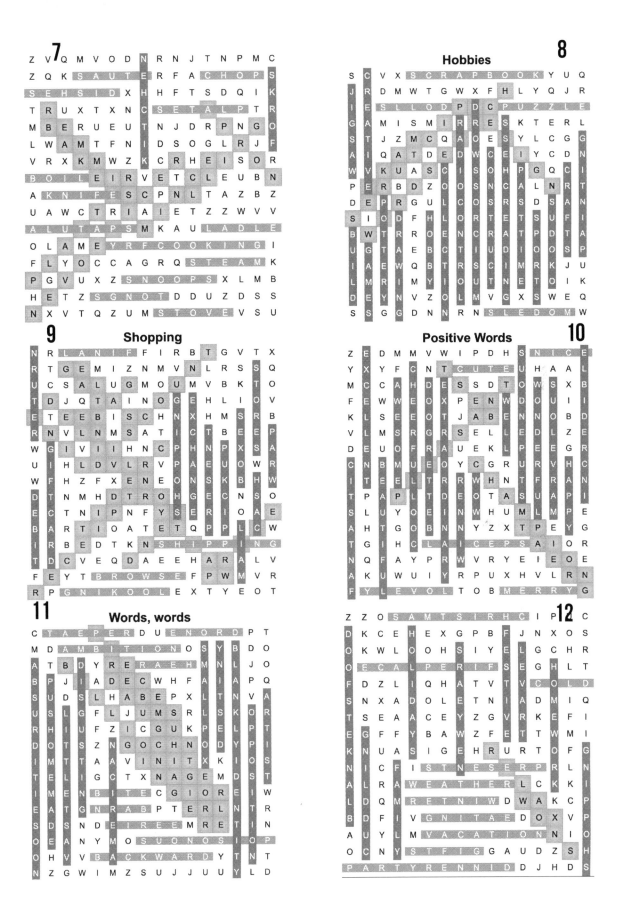

154

13
Spring

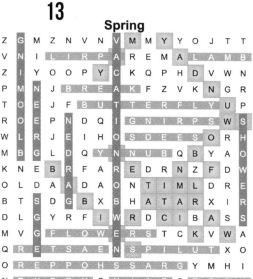

14
Funny Words

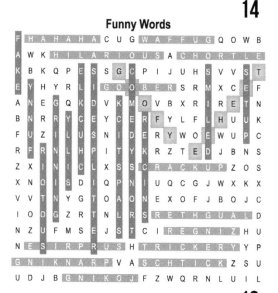

15
Words from Christmas Songs

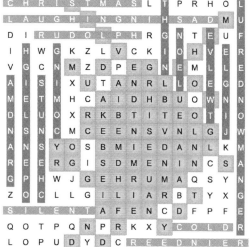

16
Abbreviations and Acronyms

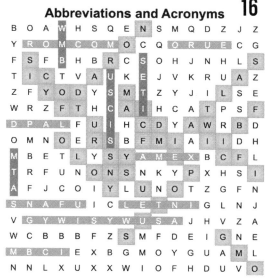

17
Children's Games

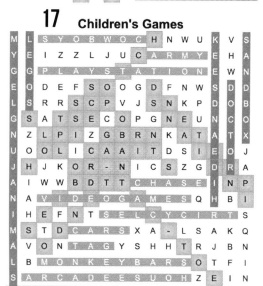

18
Strange Animal Names

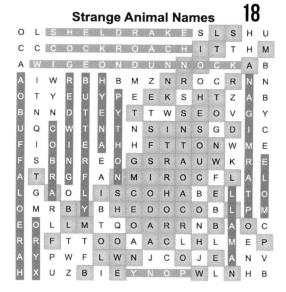

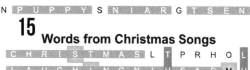

19 Searching Party

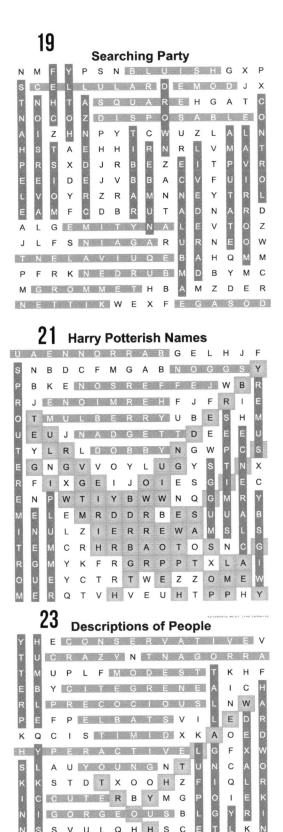

21 Harry Potterish Names

23 Descriptions of People

20 Clothing Brands

22 Random Words Again

24 Shapes Again

25 So Many Words

Insulting Names 26

27 American Rivers

Clothing Stores 28

29 Just Some Words

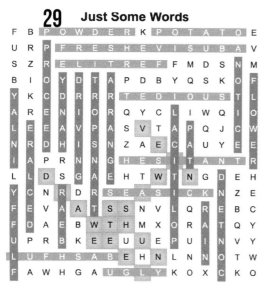

1 Syllable Words 30

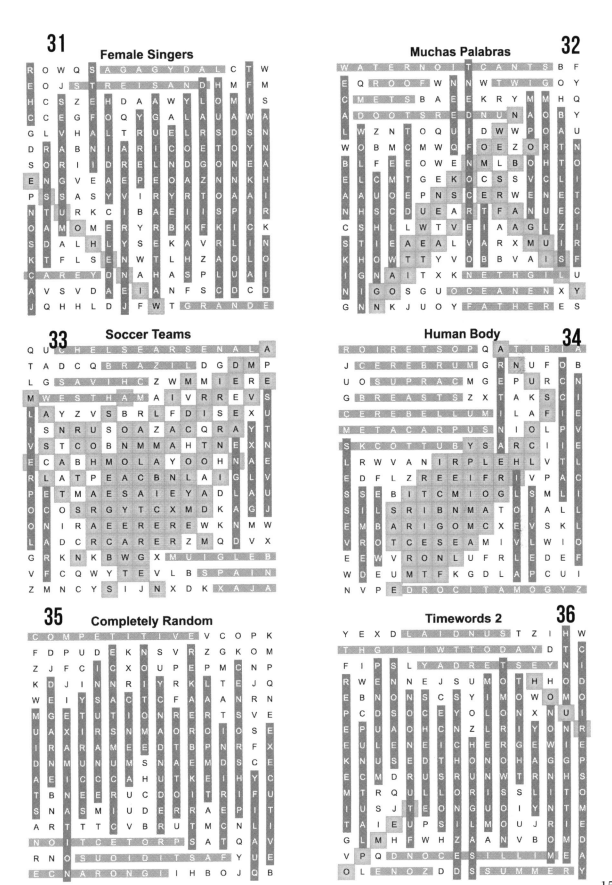

31 Female Singers

32 Muchas Palabras

33 Soccer Teams

34 Human Body

35 Completely Random

36 Timewords 2

37 Chemicals 1

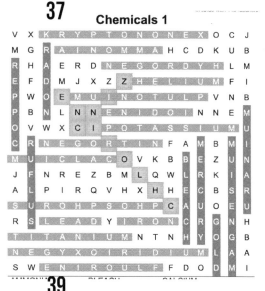

38 Photography

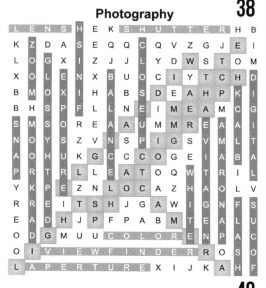

39 A Lot Of Words

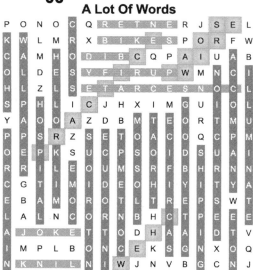

40 Famous Women

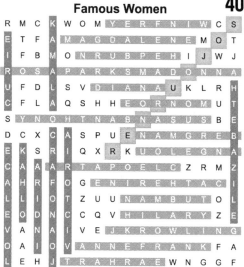

41 Totally Random

42 In Your Pockets

43 Find The Words

44 More Shopping

45 Greek Alphabet

Random Words 1 46

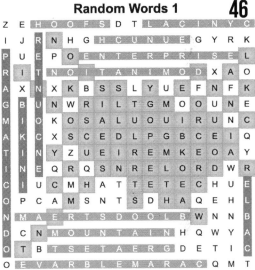

47 Strong Beverages

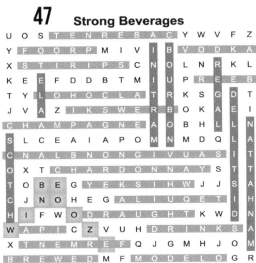

State Capitals 48

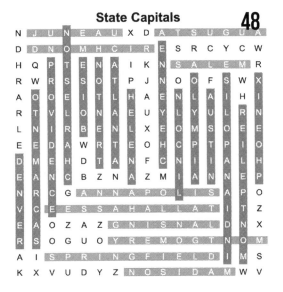

160

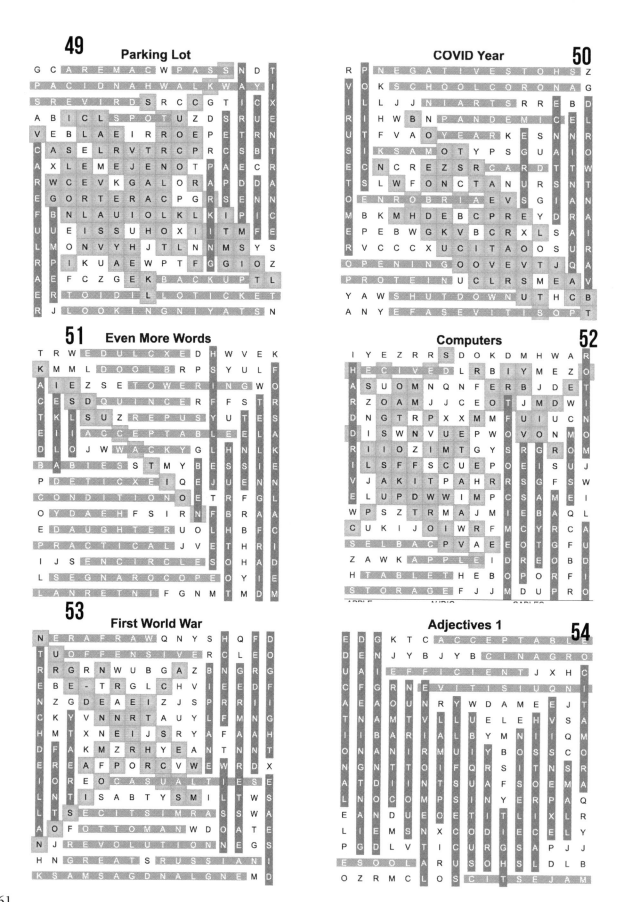

49 Parking Lot

50 COVID Year

51 Even More Words

52 Computers

53 First World War

54 Adjectives 1

55 Round Things

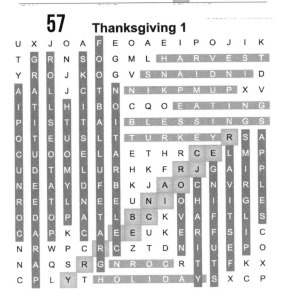

Science Related 56

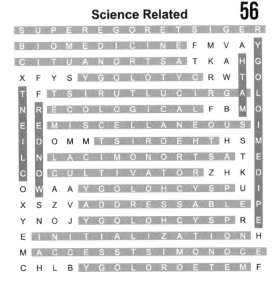

57 Thanksgiving 1

Countries 58

59 Onomatopoeia

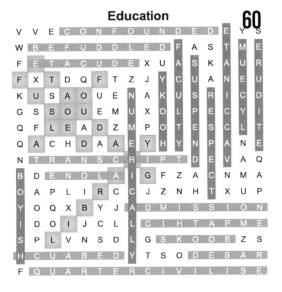

Education 60

61 Construction

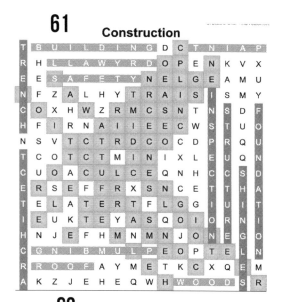

62 Baseball Teams

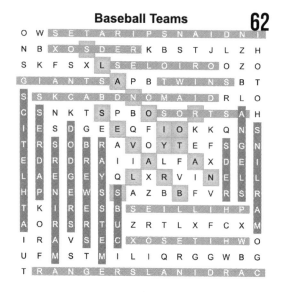

63 Fourth of July

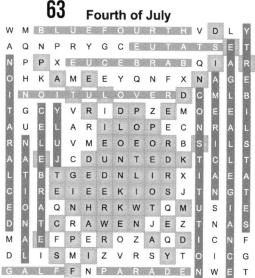

64 Country Life

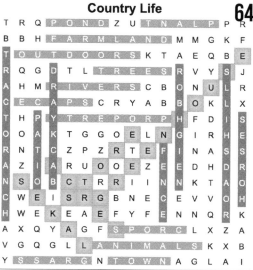

65 Mix and Match

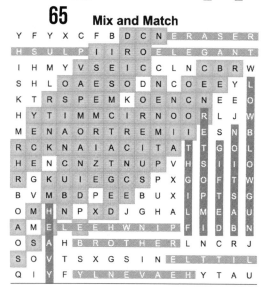

66 First Names

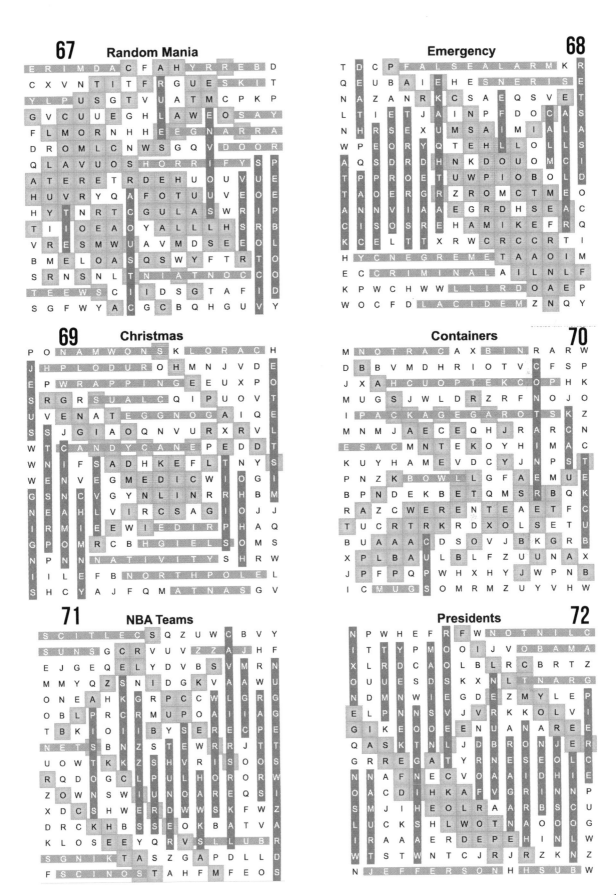

73 Classical Music

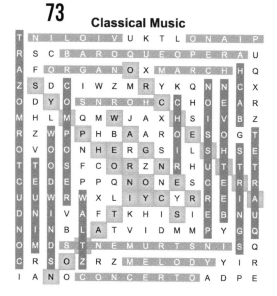

74 Apartment

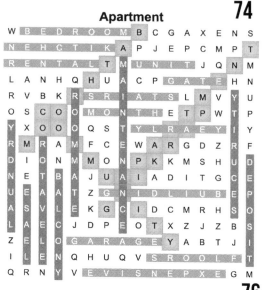

75 Vegetables

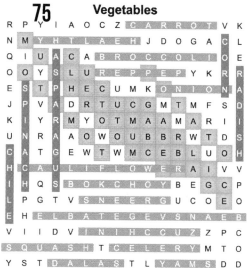

76 New Years

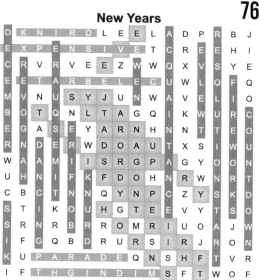

77 Holidays

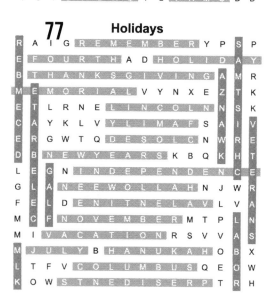

78 Bathroom

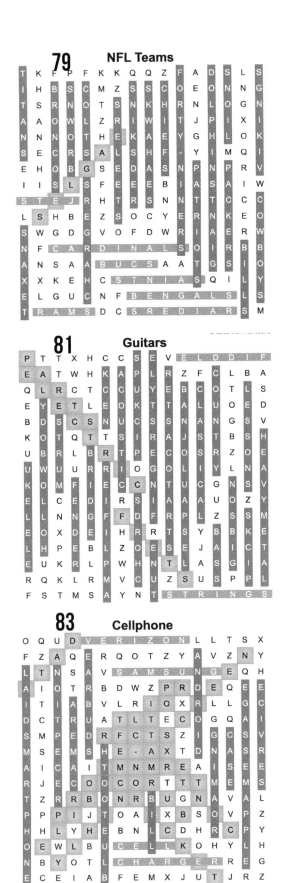

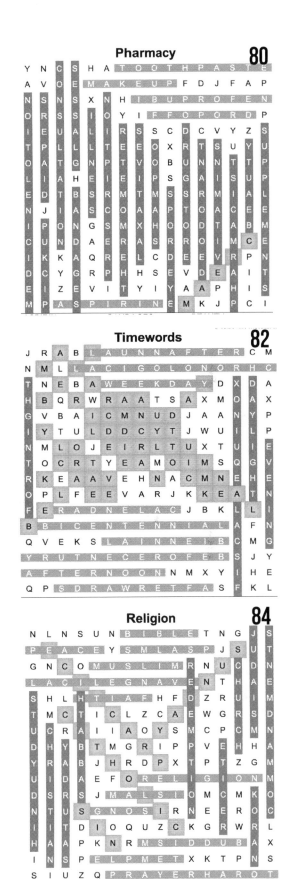

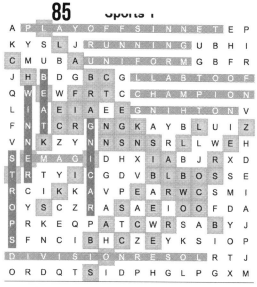

85 Sports 1

86 More Nouns

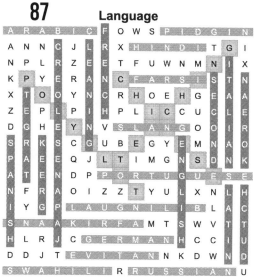

87 Language

88 Dancing

89 Noisy Words

90 Cooking 2

167

91 — Latin 101

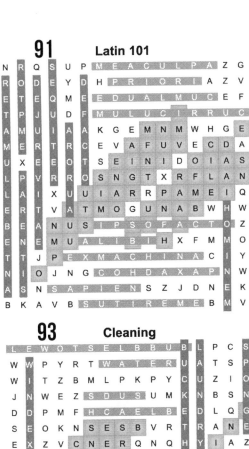

92 — Capitals

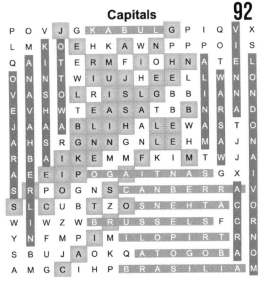

93 — Cleaning

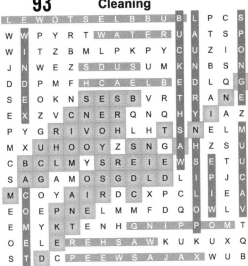

94 — Emotions

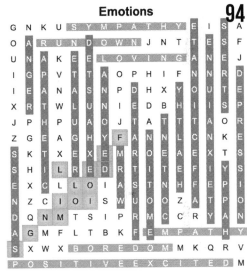

95 — Fashion

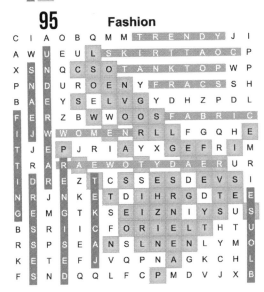

96 — Exercise

168

97 Hodge Podge

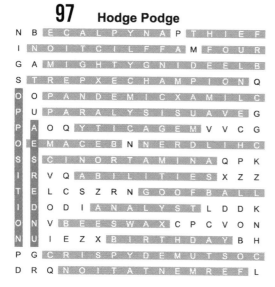

Bedding 98

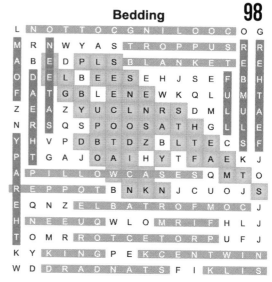

99 Crafts

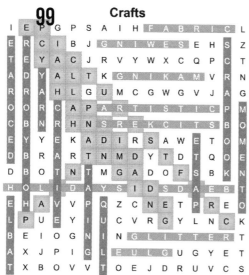

Flowers 100

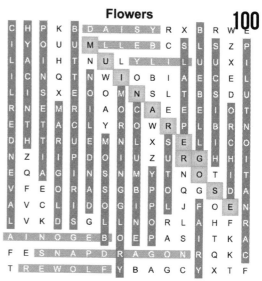

101 Animals

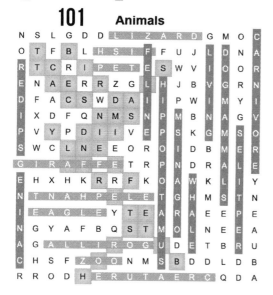

Halloween 102

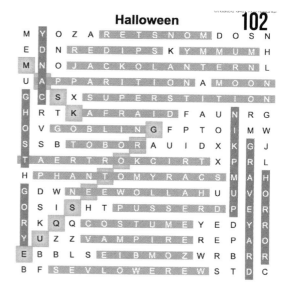

103 — Latin 102

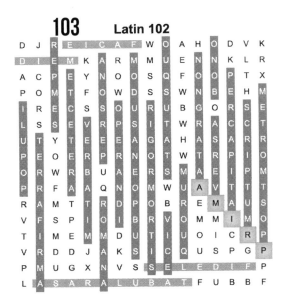

NFL Football — 104

105 — Places

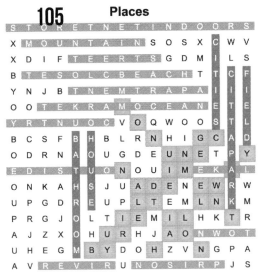

Candy — 106

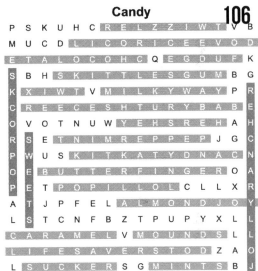

107 — Bedroom

Plants — 108

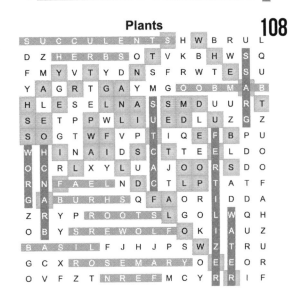

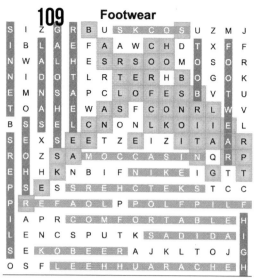

109 Footwear

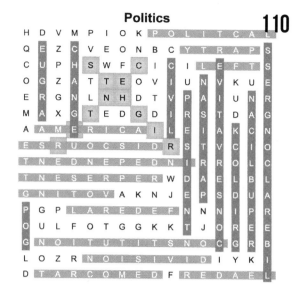

110 Politics

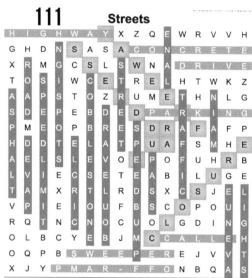

111 Streets

112 Desk Drawer

113 Bags

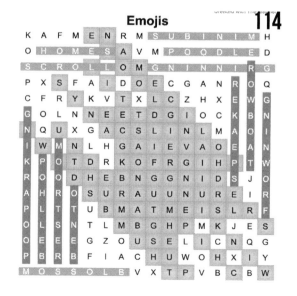

114 Emojis

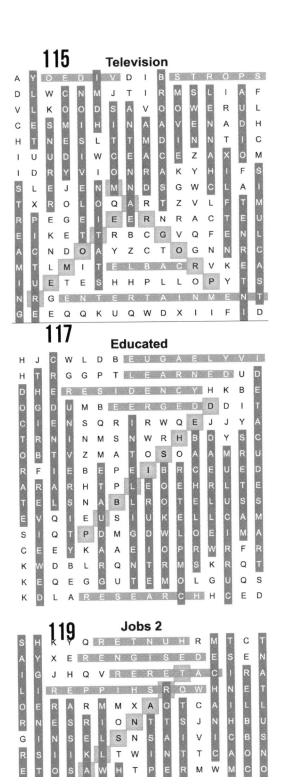

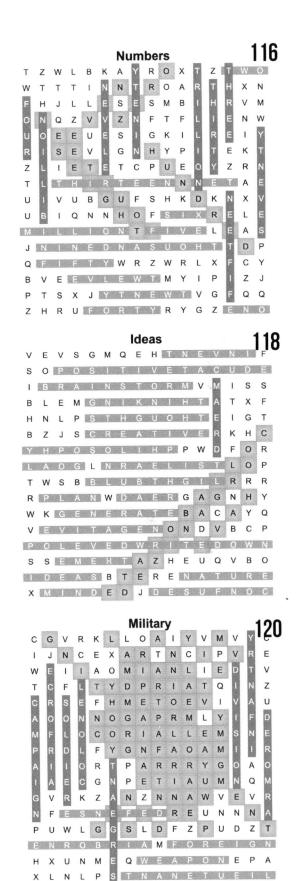

121 **Meals**

122 **Dentist**

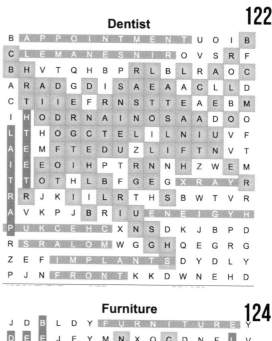

123 **Vehicles**

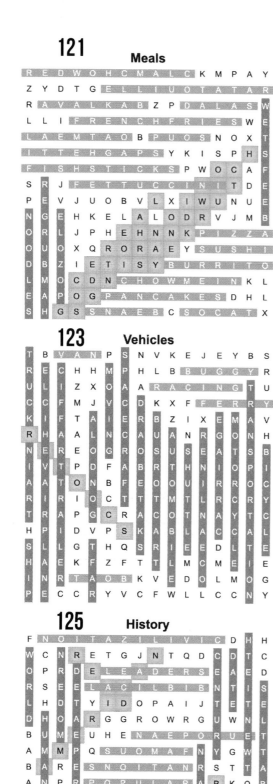

124 **Furniture**

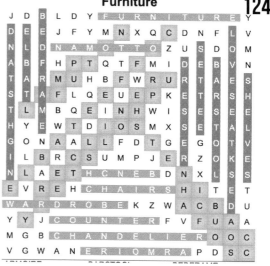

125 **History**

126 **Party**

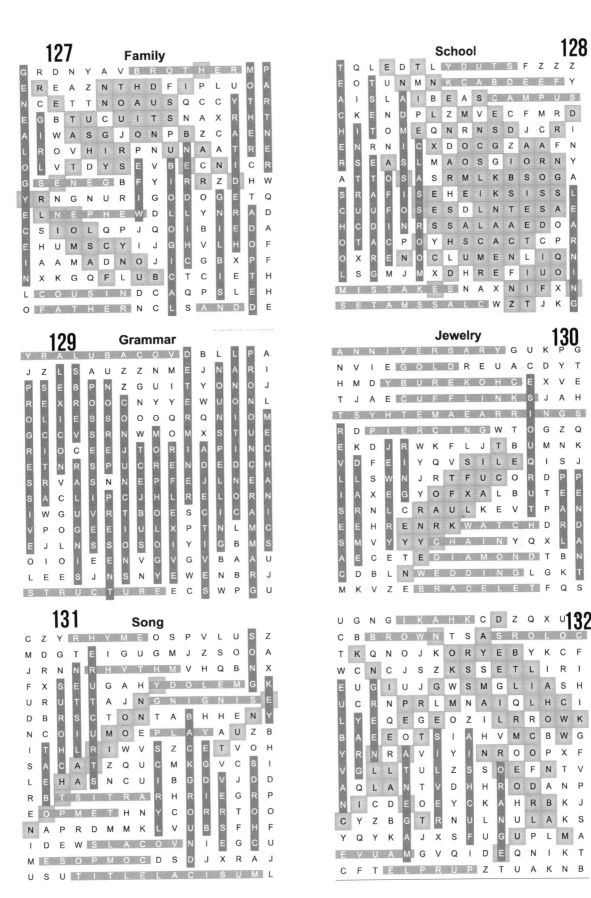

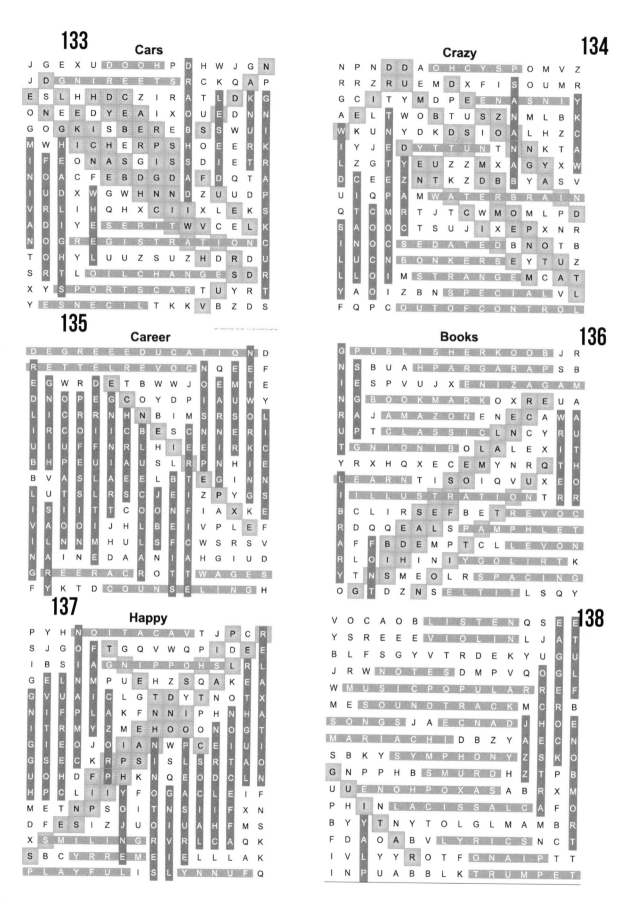

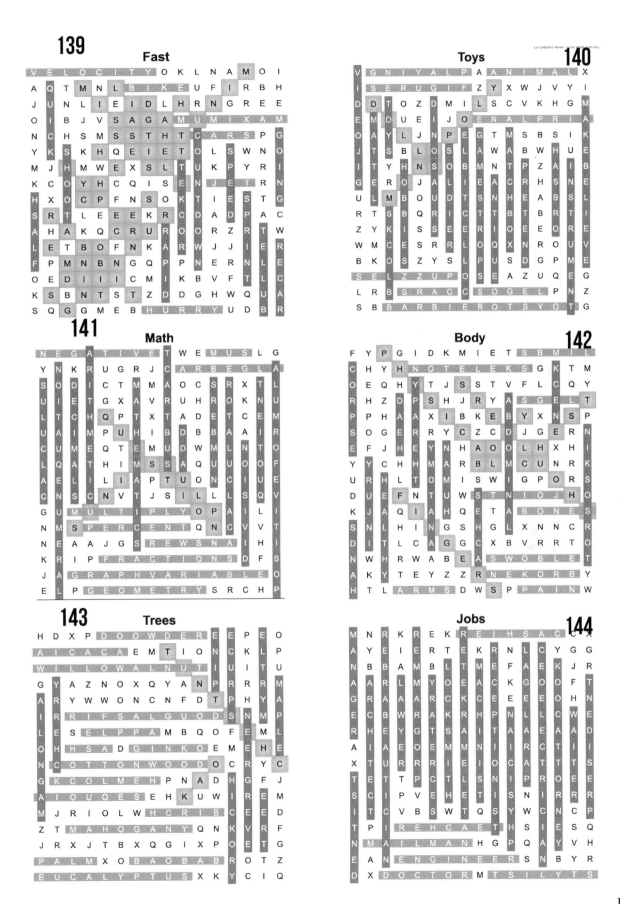

139 Fast

Toys **140**

141 Math

Body **142**

143 Trees

Jobs **144**

145 Hair

146 Fruit

147 Funny

148 Doctor

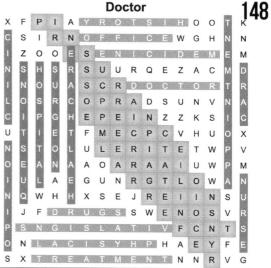

149 Sky

150 Fall

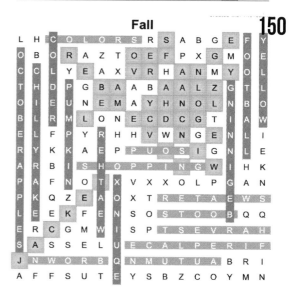

151 WW II

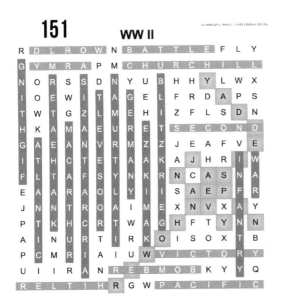

Actors 152

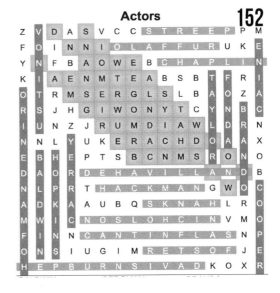

Made in the USA
Columbia, SC
18 December 2022

74451204R00100